John MacArthur

O CHAMADO DE CRISTO PARA REFORMAR A IGREJA

A transformação acontece quando a igreja proclama o evangelho de Cristo

Christ's call to reform the church
© 2018 by John MacArthur
Published by arrangement with
Moody Publishers
820 N. LaSalle Boulevard
Chicago, IL 60610
Portuguese edition © 2019 by
Editora Hagnos Ltda

Tradução
Iara Vasconcellos

Revisão
Josemar de Souza Pinto
Raquel Fleischner

Capa
Douglas Lucas

Diagramação
Sonia Peticov

Gerente editorial
Juan Carlos Martinez

1ª edição — Abril — 2019

Coordenador de produção
Mauro W. Terrengui

Impressão e acabamento
Imprensa da fé

Todos os direitos desta edição reservados para:
Editora Hagnos
Av. Jacinto Júlio, 27
04815-160 - São Paulo - SP - Tel. Fax: (11) 5668-5668
hagnos@hagnos.com.br - www.hagnos.com.br

Dados Internacionais de Catalogação na Publicação (CIP)
Angélica Ilacqua CRB-8/7057

MacArthur, John
  O chamado de Cristo para reformar a igreja: a transformação acontece quando a igreja proclama o evangelho de Cristo / John MacArthur; tradução de Iara Vasconcellos. — São Paulo: Hagnos, 2019.

  ISBN 978-85-7742-257-9

  Título original: *Christ's call to reform chruch*

  1. Bíblia. Revelação — Crítica e interpretação   2 Renovação da igreja   3. Apocalipse — Crítica e interpretação   I. Título   II. V asconcellos, Iara

19-0369   CDD-228.06

Índice para catálogo sistemático:
1. Bíblia. Revelação: Renovação da igreja

Para Bob e Linda McIntyre — amigos dedicados e parceiros preciosos no ministério. Seu serviço sacrificial pela causa de Cristo é um encorajamento poderoso e um exemplo vibrante para mim e para todos nós da família da *Grace to You*.

SUMÁRIO

Introdução	7
1. Chamando a igreja ao arrependimento	13
2. A obra do Senhor em sua igreja	35
3. A igreja **sem amor**: ÉFESO	51
4. A igreja **perseguida**: ESMIRNA	69
5. A igreja **complacente**: PÉRGAMO	83
6. A igreja **corrupta**: TIATIRA	99
7. A igreja **morta**: SARDES	115
8. A igreja **fiel**: FILADÉLFIA	131
9. A igreja **morna**: LAODICEIA	149
10. A necessidade de uma nova reforma	169
Agradecimentos	187

INTRODUÇÃO

Jesus escreveu sete cartas, no livro de Apocalipse, para as cidades da Ásia Menor. Ele não as escreveu para as prefeituras; ele as escreveu para a igreja.

Deixe que isso, por alguns momentos, se aprofunde dentro de você. Nos últimos capítulos das Escrituras, o nosso Senhor não enviou sua igreja em uma missão para "redimir a cultura." Ele não aconselhou seu povo a alavancar o poder político para instituir a moralidade ou protestar contra o governo de homens imorais. De fato, ele não lançou uma revolução social nem planejou uma estratégia política de qualquer tipo.

A igreja atual — particularmente a igreja nos Estados Unidos — precisa entender que Deus não chamou seu povo do mundo simplesmente para travar uma guerra cultural com o mundo. Nós não estamos destinados a ganhar terreno temporário, como uma força invasora, trabalhando para, superficialmente, "levar este país de volta a Deus."

Precisamos destruir a ilusão de que a moralidade que nossos ancestrais deixaram fez dos Estados Unidos uma "nação cristã." Porém, nunca houve nenhuma nação cristã — apenas cristãos. Os crentes precisam entender que o ocorrido com os Estados Unidos em termos políticos e sociais não tem relação com o progresso ou com o poder do reino de Deus. As mudanças culturais não aceleram nem atrasam o crescimento do reino (ver Mt 16.18). O reino de Cristo *não é deste mundo* (Jo 18.36).

Isso não significa que eu deprecie o processo democrático americano, ou que seja ingrato por ter uma voz em meio a ele. É sem dúvida uma grande bênção ter o direito de voto e de ver implantados padrões bíblicos no que se refere à moralidade. Muitos cristãos, através da história da igreja, têm vivido em circunstâncias muito piores do que as nossas, e sem condições legais para fazer qualquer coisa a respeito.

Porém, considerar que um movimento social ou influência política possa fazer uma diferença espiritual significativa no mundo evidencia uma grave falta de compreensão a respeito do pecado. Os crentes precisam colocar sua energia em ministérios que transformem vidas, e não em leis seculares. O trabalho do reino de Deus não visa examinar governos, reescrever regulamentações ou reconstruir sociedades em alguma versão de utopia cristã. Esforços voltados para a justiça política e social são, na melhor das hipóteses, soluções externas de curto prazo para os males morais da sociedade, e não focam a questão pessoal, interna e prioritária dos corações pecaminosos que odeiam Deus (ver Rm 8.7) e podem ser resgatados da morte eterna apenas pela fé no Senhor Jesus Cristo.

A condenação da moralidade

A moralidade, em si mesma, não é solução; ela condena tanto quanto a imoralidade. A moralidade não transforma um coração de pedra em um coração de carne, não quebra as cadeias do pecado e também não consegue nos reconciliar com Deus. Pode-se então dizer que, nesse sentido, a moralidade em si é tão desprovida de poder para salvar quanto uma seita satânica.

Jesus enfrentou as pessoas mais religiosas e mais ostensivamente morais em seu mundo, particularmente os sacerdotes, escribas e doutores da lei do Antigo Testamento. Ele disse: *Eu não vim para chamar justos, mas pecadores* (Mc 2.17). E, em Mateus 23, ele lançou as mais fortes acusações contra a liderança religiosa de sua época, o grupo dos fariseus. Eles eram os homens mais devotos da nação, que cumpriam a lei de Deus de forma minuciosa e seguiam fielmente a tradição rabínica. Jesus disse: *Ai de vocês, mestres da lei e fariseus, hipócritas!...* (Mt 23.13). Esse "Ai de vocês" é o equivalente a dizer "Malditos sejam." Ele está declarando condenação e julgamento sobre eles. Jesus repete essas mesmas palavras inúmeras vezes nos versículos seguintes. Ele os chama, no versículo 16, de "guias cegos" — porque Israel se desviava através de sua vazia e piedosa moralidade.

Nem mudança social, nem moralismo se encaixam na mensagem dos profetas do Antigo Testamento. Essa nunca foi a instrução do Messias, nem dos escritores do Novo Testamento. Essa nunca foi a mensagem de Deus para este mundo. De fato, Isaías nos diz: *Todos os nossos atos de justiça são como trapo imundo...* (Is 64.6). A moralidade humana, em seu ápice, nada mais é que trapos imundos e contaminados.

Além disso, Romanos registra: *Não há justo... não há ninguém que faça o bem, não há nem um sequer* (Rm 3.10–12). Portanto, qualquer justiça imaginária que o homem apresente, qualquer moralidade superficial que ele exiba, isso não passa de uma farsa. Não há nenhum justo, não importa o tipo de fachada piedosa que as pessoas apresentem.

As pessoas *podem* mudar sua vida. Podem ter um momento de crise e decidir que vão se afastar da imoralidade ou do vício e começar a viver uma vida melhor. As pessoas podem, até certo ponto e com grande afinco, mudar seu comportamento; se houver muitas pessoas com essa atitude, poderá haver uma ligeira melhora moral na sociedade humana. Porém, uma reforma comportamental não endireita o relacionamento das pessoas com Deus. Não há como libertá-las da escravidão do pecado e levá-las para o reino de Cristo. O melhor que a moralidade pode fazer é transformar as pessoas em outro grupo de fariseus condenados. A moralidade não pode salvar ninguém da culpa, tampouco pode alimentar uma piedade genuína. Fariseus e prostitutas compartilham o mesmo inferno.

Impulsionar a moralidade cultural, ou mesmo a justiça social, pode tornar-se uma distração perigosa da obra da igreja. Pode implicar o desperdício de imensas quantidades de recursos preciosos, incluindo tempo, dinheiro e energia. Efésios 5.16–17 exorta os crentes a aproveitarem *ao máximo cada oportunidade, porque os dias são maus. Portanto, não sejam insensatos, mas procurem compreender qual é a vontade do Senhor*. E a vontade do Senhor não é uma cultura governada pela igualdade social ou mesmo por um farisaísmo institucionalizado.

A palavra *evangélico* deriva da palavra grega utilizada para "evangelho." Originalmente se referia a cristãos que entendiam que o evangelho é o centro e a própria essência da doutrina cristã e, portanto, deve ser preservado a qualquer custo. No entanto, ela já foi tantas vezes pintada com cores sociais e políticas que acabou se tornando um termo político rejeitado pela maioria da sociedade e até pela maioria dos cristãos professos.

O verdadeiro chamado da igreja

A vontade de Deus *não* é que nos tornemos tão politizados a ponto de transformarmos nosso campo missionário em nosso inimigo. Os cristãos têm razão em repudiar o pecado e declarar, sem dúvida alguma, que o pecado é uma ofensa ao nosso Deus santo. Isso inclui pecados como aborto, homossexualismo, promiscuidade sexual e quaisquer outros pecados que a cultura corrupta diz que devemos aceitar. Porém, uma cultura que abraça pecados como esses não será revertida — muito menos conquistada — por protestos agressivos e política partidária. É inútil pensar que a solução para a falência moral de nossa cultura é legislativa. Não há lei que possa transformar pecadores decaídos em justos (ver Gl 2.21).

Timóteo ministrou em uma cultura que, possivelmente, era tão ruim quanto a nossa. Nada nas instruções que Paulo deu a seu discípulo mais jovem sugeria que Timóteo deveria tentar redimir *a cultura*. De fato, ele disse a Timóteo que as coisas ficariam ainda piores (2Tm 3.13). O que as pessoas deste mundo depravado precisam é do evangelho. Elas precisam ser informadas de que seus pecados podem ser perdoados e de que elas podem ser libertadas das cadeias do pecado e do sistema deste mundo. Os crentes não têm o direito de tratar os pecadores perdidos com desprezo ou aversão. Nossa atitude em relação ao nosso próximo deve ser um reflexo do amor de Cristo por ele, não uma expressão de nossa discordância em relação a suas políticas ou mesmo a sua moralidade. Não temos o direito de reter as boas-novas da salvação como Jonas tentou fazer com os ninivitas. Devemos nos certificar de que os pecadores perdidos ao nosso redor saibam que os amamos o bastante para lhes oferecer e estender o perdão de Deus. Há um santo ódio pelo pecado, mas, se o próprio Cristo pode chorar pelos perdidos, nós também podemos.

O mundo está como está hoje porque é o mundo, e a igreja deve confrontá-lo com a pura verdade. É hipocrisia para os cristãos repreenderem o mundo secular pela maneira como os incrédulos se comportam, quando tantas igrejas fazem o mesmo, acreditando em sua capacidade de ser redimida pelo poder humano, ou montando um circo de entretenimento e distrações irrelevantes que acaba tirando o foco das questões reais. É hora de a igreja abraçar o ministério da reconciliação — de o povo de Deus proclamar com ousadia e fé o evangelho de Cristo para que sua igreja seja sal e luz neste mundo sombrio e desesperado (Mt 5.13–16). Essa foi a mensagem do Senhor para as igrejas de Apocalipse. Ele ordenou que elas se desprendessem do mundanismo e da corrupção, renovassem seu amor pelo Senhor e guardassem a pureza de seu evangelho e sua igreja. Praticamente toda admoestação, repreensão, advertência e chamado ao arrependimento que nosso Senhor faz nessas cartas é aplicável à igreja do século 21 — incluindo muitas das igrejas evangélicas mais conhecidas e influentes da atualidade. É hora de prestarmos atenção nas cartas para as igrejas de Apocalipse e de atendermos ao chamado de Cristo para reformar sua igreja.

UM

Chamando a igreja ao ARREPENDIMENTO

VOCÊ JÁ OUVIU FALAR DE ALGUMA IGREJA que tenha se arrependido? Não estou falando em termos individuais, mas sobre uma igreja que reconhece coletivamente suas transgressões congregacionais e se arrepende de forma genuína e aberta, demonstrando tristeza e quebrantamento bíblico?

Creio que, infelizmente, você não conhece.

Falando nisso, você conhece algum pastor que, ao conduzir sua igreja ao arrependimento, tenha ameaçado sua congregação com julgamento divino caso eles falhassem?

Não é muito provável. Os pastores de hoje parecem ter muita dificuldade em chamar as pessoas para se arrependerem, quanto mais chamar a igreja inteira para prestar contas de seus "pecados corporativos." De fato, se um pastor fosse tão ousado e conseguisse levar sua própria igreja ao arrependimento, ele poderia não continuar a ser o pastor daquela igreja por muito mais tempo. No mínimo, ele enfrentaria resistência e desprezo por parte da congregação. Essa inevitável repercussão é, provavelmente, forte o suficiente para gerar uma espécie de medo preventivo, impedindo que a maioria dos líderes da igreja considere o apelo de arrependimento coletivo.

Por outro lado, se um pastor ou líder tem a coragem de fazer um apelo para que *outra* igreja — em vez de sua própria — se arrependa, ele provavelmente será acusado de ser crítico e desagregador e de ultrapassar sua autoridade. Ele enfrentará um coro de vozes dizendo-lhe para cuidar de sua própria vida. Torná-lo vilão, portanto, abrirá caminho para que aquela igreja desconsidere completamente sua admoestação. O fato é que as igrejas raramente se arrependem. Aquelas, então, que iniciam um caminho de mundanismo, desobediência e apostasia, com o passar do tempo, afastam-se ainda mais da ortodoxia. Poucas vezes conseguem recuperar a solidez original. Raramente rompem com seus pecados coletivos contra o Senhor. Raramente se afastam da corrupção, imoralidade e falsa doutrina. Dificilmente clamam das profundezas de seu coração por perdão, purificação e restauração. A maioria nem mesmo considera essa possibilidade, pois se sente confortável com sua condição.

Na realidade, conclamar a igreja ao arrependimento e a uma reforma interna pode ser muito perigoso. A história da igreja está repleta de exemplos assim.

A grande ejeção

A palavra "puritano" era utilizada para demonstrar zombaria e desprezo. Aplicava-se a um grupo de pastores anglicanos da Inglaterra dos séculos 16 e 17, que procurava purificar a igreja dos resquícios das influências e práticas católicas romanas. Os pastores puritanos conclamavam, repetidamente, que as igrejas inglesas se arrependessem de sua carnalidade, heresia e corrupção sacerdotal. Mas a própria Igreja Anglicana não se arrependeu. Ela não negou a necessidade de uma reforma, mas optou por um "meio-termo" em vez de uma reforma completa.

Aqueles que detinham as rédeas na hierarquia anglicana permaneceram impenitentes — mas não passivos. Eles estavam determinados a silenciar as vozes chamando-as ao arrependimento. Durante décadas, os puritanos enfrentaram hostilidade e perseguição de líderes da igreja e governantes políticos. Muitos sofreram e morreram por sua fé, enquanto vários outros suportaram aprisionamento e tortura por causa de Cristo. A perseguição atingiu o auge em 1662, quando o Parlamento Inglês emitiu o Ato de Uniformidade. O decreto proibia, praticamente, qualquer outra coisa além da doutrina e da prática anglicanas estritas. Isso conduziu a um dia trágico e monumental na história espiritual da Inglaterra: 24 de agosto de 1662, comumente conhecido como A Grande Ejeção. Naquele dia, dois mil pastores puritanos foram destituídos de sua ordenação e permanentemente expulsos do púlpito de suas igrejas anglicanas.

Aqueles fiéis puritanos entenderam que a Igreja da Inglaterra tinha de se arrepender e de ser reformada antes que a nação se voltasse para Cristo. Mas, em vez de rejeitar sua maldade e corrupção, os líderes impenitentes da Igreja da Inglaterra tentaram silenciar qualquer um que pedisse por arrependimento e restauração.

A história subsequente revela que a Grande Ejeção não foi um evento isolado e com alcance temporário. A crise espiritual não terminou quando os puritanos foram excomungados e separados de suas congregações. Na realidade, pode-se afirmar, que a Grande Ejeção foi um desastre espiritual que teve como resultado a instalação de uma linha divisória na história da Inglaterra, com implicações para os dias atuais.

Um desses ministros excluídos foi Matthew Meade. Vejamos suas palavras sobre essa Grande Ejeção: "Esse dia fatal merece ser escrito em letras grandes no calendário da Inglaterra."[1] Iain Murray também descreve as consequências espirituais desse dia sombrio: "Após o silenciar dos dois mil, entramos na era do racionalismo, da frieza no púlpito e da indiferença nos bancos, uma época em que o ceticismo e o mundanismo foram muito além de reduzir a religião nacional a mera paródia do cristianismo do Novo Testamento."[2]

J. B. Marsden viu o evento como um convite para o julgamento do Senhor. Ele escreveu: "Pode ser presunção fixar-se em ocorrências específicas para evidenciar o desprazer de Deus; contudo, não há como negar que um curso ininterrupto de desastres pode indicar a uma nação ou a uma igreja que o favor de Deus é retirado. Em cinco anos da ejeção

---

[1] MEADE, Matthew. *Remedying the sin of ejecting God's ministers* (Remediando o pecado da ejeção dos ministros de Deus). In: McMAHON, C. Matthew (ed.) *Discovering the wickedness of our heart* (Descobrindo a maldade do nosso coração). Crossville, TN: Puritan Publications, 2016, p. 174.
[2] MURRAY, Iain (ed.) *Sermons of the Great Ejection* (Sermões da Grande Ejeção). London: Banner of Truth Trust, 1962, p. 8.

dos dois mil não conformistas, Londres foi duas vezes devastada"[3]. Ele não estava errado. A Grande Ejeção ocorreu no verão de 1662. Em 1665, uma epidemia de peste bubônica atingiu Londres, matando mais de 100 mil pessoas, aproximadamente um quarto de sua população. No ano seguinte, um incêndio maciço varreu Londres, incinerando mais de 13 mil casas, quase uma centena de igrejas — incluindo a Catedral de São Paulo — e dizimando a maior parte da cidade. Muitos historiadores concordaram com Marsden, vendo esses desastres como disciplina divina pela impenitência da Inglaterra.

Ainda assim, tais desastres não se comparam às consequências espirituais causadas pela apostasia na Inglaterra. Depois de citar a praga e o fogo, Marsden continuou: "Outras calamidades se seguiram, mais longas e mais terríveis. A religião na Igreja da Inglaterra estava quase extinta e, em muitas de suas paróquias, a lâmpada de Deus se apagou"[4].

J. C. Ryle, que serviu como bispo de Durham no final do século 19, resumiu assim o preço espiritual pago pela impenitência da Igreja Anglicana: "Creio que a verdadeira religião, na Inglaterra, foi prejudicada a tal ponto [pela Grande Ejeção] que, muito provavelmente, nunca será reparada."[5] De fato, ao longo dos séculos que se seguiram, a Inglaterra sucumbiu a uma cultura liberal, foi invadida por igrejas frias, mortas, e inundada pela apostasia e escuridão espiritual.

Apesar de séculos de "frutos podres" que resultaram do Ato de Uniformidade e da Grande Ejeção, a Igreja da Inglaterra não conseguiu atingir seu objetivo principal. Os puritanos estavam afastados, mas não silenciados. Muitos dos homens que foram expulsos de suas igrejas passaram a ter influência crescente, a qual continua até hoje. "Pilares"

---

[3]MARSDEN, John Buxton. *The history of the later puritans: from the opening of the Civil War in 1642, to the ejection of the non-conforming clergy in 1662* (A história dos puritanos posteriores: da abertura da Guerra Civil em 1642, à ejeção do clero não conforme em 1662). London: Hamilton, Adams, & Co., 1854, p. 469-70.

[4]Ibid., p. 480.

[5]RYLE, J. C. "Baxter and his times". In: *Lectures delivered before the Young Men's Christian Association* (Baxter e seu tempo, em palestras proferidas à ACM — Associação Cristã de Moços), vol. 8. London: James Nisbet e Co., 1853, p. 379.

espirituais como Richard Baxter, John Flavel, Thomas Brooks e Thomas Watson estavam entre aqueles que, apesar de perderem seus púlpitos em 1662, continuaram a falar fielmente, como pregadores fora da lei. Junto com muitos outros, eles continuaram a expor a corrupção da Igreja Anglicana, conclamando seu arrependimento. Nesse sentido, eles continuaram o legado iniciado pelos reformadores, mais de um século antes.

O legado da reforma

Na Europa Medieval, a Igreja Católica Romana tinha domínio sobre todos os assuntos relativos à vida espiritual. Em uma época na qual as Bíblias eram raras e inacessíveis a todos, exceto ao clero, a hierarquia de Roma se estabeleceu como guardiã, controlando o acesso às Escrituras e, portanto, a Deus. Os sacerdotes concediam perdão, distribuíam bênçãos e serviam como juízes da recompensa eterna.

Por volta de 1400, a igreja foi invadida por camadas de corrupção institucional. Por trás de um véu transparente de piedade e imoralidade, a maldade permeava a igreja. Em toda a cristandade, os paroquianos lutavam para sobreviver e manter uma existência humilde, enquanto a classe dominante religiosa se aproveitava da ignorância do povo para "encher os bolsos" e expandir sua autoridade. Papas e arcebispos tinham uma vida reprovável, repleta de excessos e lascívia. A igreja governava com mão de ferro, dominando até governos e influenciando todos os aspectos da vida medieval.

Em essência, a Igreja Católica Romana medieval era um terreno fértil para a heresia e o engano espiritual. Entretanto, mesmo em meio à corrupção dominante, o Senhor continuava redimindo e edificando sua verdadeira igreja. Algumas igrejas existiam e até prosperavam fora da autoridade de Roma. O Senhor também usou homens corajosos e fiéis, como John Wycliffe e John Huss, para rejeitar e repudiar o dogma extrabíblico católico, para expor a máscara piedosa e revelar toda corrupção interna. Como os puritanos, séculos depois na Inglaterra, esses homens também não tinham a intenção de derrubar a igreja, mas esperavam chamá-la ao arrependimento e ajudá-la a restaurar a ortodoxia bíblica.

E, por esse motivo, ambos os grupos foram excomungados e queimados como hereges. (Wycliffe foi retroativamente excomungado, décadas após sua morte. Seu corpo foi exumado e incinerado, seus ossos foram esmagados e, junto com as cinzas, espalhados no rio Swift.)

Embora a Igreja Católica tenha tomado medidas extremas para silenciar Wycliffe, Huss e outros da mesma estirpe, a verdade por eles pregada sobreviveu e pavimentou o caminho para que um monge alemão levasse seu legado e desferisse um golpe decisivo contra a fortaleza papal.

Como aqueles antes dele, Martinho Lutero não tomou um caminho declaradamente rebelde para derrubar ou derrotar a igreja. Devido a seu fervoroso estudo das Escrituras, e através da iluminação do Espírito Santo, Lutero chegou ao conhecimento salvífico do Senhor Jesus Cristo e à clara compreensão do desvio de Roma da verdade do evangelho.

Historiadores identificam o ponto nevrálgico da reforma como sendo 31 de outubro de 1517, ou seja, o dia em que Lutero pregou suas 95 Teses na porta da Igreja do Castelo de Wittenberg. Nesse tratado crucial, Lutero, ainda não convertido, argumentou contra as tradições abusivas da Igreja Católica — particularmente a venda de indulgências.

As indulgências eram um meio através do qual os católicos compravam sua saída do purgatório e a liberação de sua pena. Elas também podiam ser compradas em nome dos entes queridos falecidos. Com uma taxa de mortalidade extremamente alta e uma expectativa de vida igualmente curta — acrescentada das ameaças constantes que a igreja fazia de uma permanência por eras no purgatório —, a maioria das pessoas agarrava-se a qualquer esperança para evitar passar a vida após a morte em algum lugar longe do céu.

Sob o reinado do papa Leão X, a igreja medieval usou a venda de indulgências para deslanchar construções elaboradas como a Basílica de São Pedro em Roma.[6] Um monge sagaz chamado Johann Tetzel foi um dos seus vendedores mais bem-sucedidos.

---

[6] A Igreja Católica ainda hoje oferece indulgências, embora já não seja da forma tão monumental de angariar fundos como no passado. Atualmente, os católicos podem receber indulgências por simples "atos de piedade e devoção", como seguir o papa no *Twitter*.

Tetzel foi engenhoso em sua artimanha, aperfeiçoando seu magistral discurso de vendas, e se aproveitou da simplicidade crédula dos paroquianos católicos. Ele exortava as multidões com a promessa: "Assim que a moeda ressoar no cofre, a alma do purgatório será libertada." Para uma clientela de camponeses analfabetos e supersticiosos, poderia haver esperança maior do que essa?

Lutero ficou furioso com a extorsão de Tetzel patrocinada pela igreja. Suas 95 teses constituíram um repúdio público à prática e um ataque direto à ganância eclesiástica. A Tese 86 culpava diretamente o próprio papa Leão X: "Por que o papa, cuja riqueza é hoje maior do que a riqueza do mais rico dos crassos, não constrói essa Basílica de São Pedro com o seu próprio dinheiro, em vez de utilizar o dinheiro dos pobres crédulos?"

Aquelas 95 teses foram a ignição da reforma, mas não constituíram seu campo de batalha principal. De fato, Lutero ainda não tinha chegado à verdadeira fé e arrependimento quando as escreveu — ele foi salvo pouco tempo depois. A doutrina da justificação pela fé é, evidentemente, um argumento intransponível contra a venda de indulgências, por isso é significativo que as 95 teses omitam qualquer menção a essa doutrina. Isso indica que a "Experiência da Torre" de Lutero, quando ele finalmente entendeu o que significa ser justificado somente pela fé, ocorreu algum tempo após a publicação das teses.

Estudiosos e historiadores não conseguem determinar o ano preciso em que Lutero teve seu despertar, mas, como ele falava sobre isso frequentemente, ao que tudo indica esse marco se deu no momento de sua verdadeira conversão. Aqui está como ele descreveu o ocorrido:

> As palavras 'justo' e 'justiça de Deus' atingiram minha consciência como um raio. Quando os ouvi eu estava extremamente aterrorizado. Se Deus é justo [eu pensei], ele deve punir. Mas, quando eu estava na torre aquecida deste edifício, pela graça de Deus refleti sobre as palavras — *'O justo viverá pela fé'* (Rm 1.17) e a *'justiça de Deus'* (Rm 3.21), logo cheguei à conclusão de que, se nós, como homens justos, devemos viver pela fé e, se a justiça de Deus contribui para a salvação de todos os que

creem, então a salvação não será por nosso mérito, mas pela misericórdia de Deus. Meu espírito então regozijou-se! Pois é pela justiça de Deus que somos justificados e salvos através de Cristo. Estas palavras [que antes tanto me apavoravam] agora se tornaram puro deleite. O Espírito Santo revelou as Escrituras nesta torre para mim.[7]

A verdade de que os crentes são justificados somente pela fé tornou-se o foco de todo o debate da reforma. Esse princípio (*Sola Fide* — Somente pela Fé) é, portanto, conhecido como o *princípio material* da reforma. Mas era o *princípio formal* da reforma, *Sola Scriptura* — Somente as Escrituras, ou seja, a autoridade e suficiência das Escrituras — que motivou Lutero a escrever e postar as 95 teses. Seu compromisso com esse princípio era evidente, mesmo nos primeiros escritos antes de sua conversão. João Calvino, Ulrich Zwinglio, Philip Melanchton, Theodore Beza, John Knox e muitos outros compartilharam da mesma convicção e lutaram a mesma batalha em diferentes frentes para resgatar e preservar a autoridade da Palavra de Deus em sua igreja, contra a tirania do papa e as heresias da Igreja Católica. A supremacia e autoridade das Escrituras eram o coração pulsante da reforma, do qual todos os seus outros princípios fundamentais fluíram. Em defesa de seu trabalho na Dieta de Worms,[8] Lutero proclamou sua famosa submissão somente às Escrituras:

> A menos que eu esteja convencido pelo testemunho das Escrituras, ou por evidente razão (pois não confio no papa nem em concílios, pois é bem sabido que eles muitas vezes erram e se contradizem), estou obrigado pelas Escrituras por mim citadas e por minha consciência que é cativa à Palavra de Deus. Eu não me retratarei de nada, já que não é seguro nem correto ir contra a consciência. Que Deus me ajude. Amém.

---

[7] LEHMANN, Helmut T. (ed.), TAPPERT, Theodore G. (ed. e trans.) *Luther's works* (Obras de Lutero – vol. 54): table talk (Conversas à mesa). Philadelphia: Fortress, 1967, p. 193-94.
[8] BRECHT, Martin. In: LEHMANN, Helmut T. (ed.), SCHAAF, James L. (trans.) *Luther's works* (Obras de Lutero – vol. 1): Martinho Lutero. Philadelphia: Fortress, 1985, p. 460. [NT]: Assembleia na cidade de Worms, onde Lutero foi convocado para explicar os "crimes cometidos contra a Igreja Católica".

Quinhentos anos depois, homens fiéis servem à sombra destes grandes guerreiros de Deus e trabalham para continuar seu legado de fidelidade bíblica e de verdade do evangelho. Além disso, continuamos protestando não apenas contra Roma, mas contra qualquer sistema, igreja ou pastor autointitulado que se desvie da Palavra de Deus na vida da igreja. E, tragicamente, a igreja do século 21 pode estar enfrentando ameaças maiores do que jamais sofreu sob Roma.

A patologia de uma igreja apóstata

Considere o fundamento espiritual que se perde quando a igreja renuncia à autoridade bíblica. Se as Escrituras não falam com inerrância e absoluta autoridade, a oferta de justificação pela graça através da fé não pode ser estendida aos pecadores desesperados. Não se pode argumentar a suficiência de Cristo como sacrifício pelos pecados, ou sua autoridade como o Cabeça da igreja. Não há como apegar-se à gloriosa verdade da imputação de que — na cruz — *Deus tornou pecado por nós aquele que não tinha pecado, para que nele nos tornássemos justiça de Deus* (2Co 5.21). Sem essas verdades, não teríamos garantia de que a ira de Deus foi satisfeita, tampouco certeza da fé, esperança do céu e confiança nas promessas de Deus.

Por outro lado, acabar com a autoridade das Escrituras — ou simplesmente subjugá-la à autoridade dos homens — propositadamente abre caminho para que doutrinas falsas e falsos mestres se infiltrem no rebanho de Deus. Esse é um convite à confusão teológica, pois eleva as palavras de homens falíveis acima da inerrante Palavra de Deus. O objetivo de quem faz isso é substituir o evangelho da graça por uma justificação por obras. Também polui a pureza da verdade de Deus obscurecendo a doutrina bíblica com superstição, tradição, revelações extrabíblicas e engano demoníaco.

Essa é uma maneira ampla de resumir os vários desvios que têm havido na Igreja Católica Romana desde antes do tempo de Lutero. É, também, uma descrição apropriada da igreja protestante *hoje*. Se parece exagero, considere estas perguntas:

- Há alguma diferença notável entre as indulgências de Tetzel, a água sagrada e os restos de pano ungidos utilizados por charlatães carismáticos para influenciar seu vasto público?
- Qual a diferença entre um papa que fala *ex cathedra* e um pastor que expõe seus próprios sonhos e opiniões como uma nova revelação do Senhor?
- O que separa a adoração à Maria e a veneração dos santos da maneira como os autoproclamados apóstolos de hoje visitam as sepulturas de seus antepassados para "mergulhar" na unção do falecido?

Pior ainda, os mesmos tipos de corrupção e imoralidade desenfreadas que a Igreja Católica tanto tentou esconder, agora, são comemorados e encorajados por muitas congregações protestantes. Longe de serem conhecidas por sua *pureza*, muitas igrejas de hoje abandonaram seu caminho para abraçar, ou imitar, a devassidão da cultura secular. Pastores fazem exegese de filmes de Hollywood em vez das Escrituras. As reuniões das megaigrejas *seeker sensitive*[9] se parecem mais com um concerto de rock, ou com um *show* burlesco, do que com um culto de adoração. Julgando-se celebridades, os líderes dessas igrejas parecem mais interessados no que é elegante e comercializável do que no que é sólido e consistentemente bíblico. É chocante, mas existem até algumas igrejas ostensivamente evangélicas cujos líderes se orgulham de elas serem acolhedoras, ultratolerantes, ou mesmo de apoiarem adúlteros em série, fornicadores de coração duro, homossexuais impenitentes, adoradores de ídolos imorais e até mesmo adeptos de outras formas de paganismo. Eles se *orgulham* disso.

Muitas outras congregações estão em um caminhar mais lento, porém seguem rumo ao mesmo destino. Embora possam não celebrar abertamente a imoralidade, não fazem nada para expulsá-la do meio da igreja. O pecado não é confrontado, e a disciplina não é praticada

---

[9][NT]: Sensíveis aos interessados que visam conquistar os "desigrejados".

fielmente. Com o tempo, a consciência — tanto individual quanto coletiva — esfria; o pecado não confessado se torna norma, e a igreja passa a não ter nenhuma diferença do mundo.

Tudo isso evidencia uma falta de submissão à Palavra de Deus, uma preocupação decrescente com a verdade doutrinária e com a pureza e proteção que ela produz. Nascido da convicção de que os verdadeiros crentes devem se separar de uma igreja apóstata, o protestantismo precisou de apenas quinhentos anos para cultivar suas próprias formas de apostasia. Semelhantemente aos israelitas no livro dos Juízes, a Igreja Protestante parece determinada a repetir os erros do seu passado, em vez de aprender com eles. A acusação de Paulo às igrejas da Galácia se aplica, em muito, às igrejas evangélicas: *Ó gálatas insensatos! Quem os enfeitiçou? Não foi diante dos seus olhos que Jesus Cristo foi exposto como crucificado?* (Gl 3.1). Uma recente pesquisa nacional (EUA) revelou que 52% dos protestantes evangélicos acreditam que a salvação é obtida por uma combinação entre fé e obras. Apenas 30% afirmam *Sola Fide* e *Sola Scriptura*.[10] A reforma está sendo desfeita pelos protestantes evangélicos "enfeitiçados." O protesto, em grande parte, terminou.

A aderência à apostasia não acontece da noite para o dia; as mudanças são lentas e contínuas. Rejeitar a autoridade e a prioridade das Escrituras é o primeiro passo, geralmente seguido por uma sucessão de outras concessões: "Creio que seríamos mais relevantes e agradáveis para o mundo se não déssemos tanta ênfase a esse versículo, ou se levássemos esse pecado tão a sério!" Desde que a igreja determine que seu propósito é envolver e atrair a cultura em vez de edificar e equipar os santos, ela estabelece um trajeto que sempre levará ao mundanismo e à apostasia. Pouco tempo atrás, o pastor de uma das maiores igrejas dos Estados Unidos disse aos seus líderes que eles não deveriam deixar a doutrina interferir no processo de conquistar as pessoas. Certo autor

---

[10] PEW RESEARCH CENTER. *U.S. Protestants are not defined by reformation-era controversies 500 years later* (Os protestantes não são definidos pelas controvérsias da época da reforma 500 anos depois). August 31, 2017, disponível em: <http://www.pewforum.org/2017/08/31/31/u-s-protestants-are-not-defined-by-reformation-era-controversies-500-years-later/>.

simpatizante resumiu essa exortação de forma sucinta: "Não coloque a teologia acima do ministério."[11] As igrejas de hoje estão tão imbuídas em atrair mais pecadores que tentam varrer a teologia para baixo do tapete de boas-vindas!"

Esse modelo antibíblico de divulgação é exatamente o que embota, em muitas igrejas, a capacidade de alcançar o mundo com o evangelho. Preencher os bancos com incrédulos confortáveis, mas não sensibilizados, é o caminho mais rápido para confundir e corromper o trabalho da igreja. Deus não chamou seu povo do mundo para perseguir suas tendências em vãs tentativas para parecer relevante. A igreja não pode ser sal e luz neste mundo miserável se não houver uma diferença entre nós e as pessoas do mundo (ver Mt 5.13–16).

As supostas vantagens da igreja primitiva

Para conter essa tendência de aderir ao mundanismo e simplificar o trabalho do ministério, alguns cristãos estão hoje clamando por um retorno ao modelo da igreja primitiva. Eles acreditam que o motivo de a igreja estar hoje adoecendo e se inibindo perante o desafio da obra é a própria estrutura da igreja. Megaigrejas com vários núcleos espalhados, legiões de líderes e congregações superpopulosas que precisam ser infinitamente subdivididas — supostamente vilões que corromperam e confundiram a igreja nos últimos anos.

O argumento sugere que os cristãos não podem funcionar, nem servir em todo o seu potencial, em um ambiente de igreja grande, e que o modelo do Novo Testamento de igrejas em pequenos grupos nas casas liberta o povo de Deus para se concentrar no que mais importa. Quando não há edifício para manter, nenhuma denominação para apoiar (ou submeter-se a), e nenhuma supervisão institucional, a igreja

---

[11]PORTER, Kevin, STANLEY, Andy, CINCINNATI, Catalyst. *Don't put theology above ministry, let cultural issues bump people out* (Não coloque a teologia acima do ministério, deixe as questões culturais chocarem as pessoas). *The christian post*, april 23, 2016), disponível em: <https://www.christianpost.com/news/andy-stanley-em-catalisador-cincinnati-não--put-teologia-acima-ministry-let-cultural-issues-bump-pessoas-out-162414/>.

está desimpedida para servir ao Senhor e alcançar a comunidade. Isso é o que se nos oferecem como tentativa de retorno à simplicidade descrita em Atos 2.42: *Eles se dedicavam ao ensino dos apóstolos e à comunhão, ao partir do pão e às orações.* Só que eram uma igreja de três mil membros!

No entanto, basta olhar para o Novo Testamento para perceber que a vida da igreja, no primeiro século, não era nada idílica. Pequenas congregações, organização simplificada e proximidade com os apóstolos não ofereceram à igreja primitiva as vantagens espirituais e o isolamento que se supõe. Na verdade, vemos ali muitas das doenças que afligem a igreja hoje, em seus primeiros ajuntamentos. Simplificando, pode-se dizer que a pureza da igreja primitiva é, em grande parte, superestimada. E em nenhum lugar isso é mais evidente do que no livro de Apocalipse.

Um apóstolo no exílio

Vemos, muitas vezes, o Apocalipse somente como um livro profético sobre a Segunda Vinda de Cristo. Pensamos no julgamento que aguarda o mundo porque *Eis que ele vem com as nuvens, e todo olho o verá, até mesmo aqueles que o traspassaram; e todos os povos da terra se lamentarão por causa dele* (Ap 1.7). Temos a tendência de olhar horrorizados para a promessa da ira de Deus, mas, por outro lado, também experimentamos uma sensação de alívio por saber que ela não cairá sobre nós.

Antes, porém, que as visões do livro de Apocalipse revelem o assunto do julgamento de Deus contra os pecadores impenitentes e a volta de Cristo, ele começa com três capítulos dirigidos à igreja. Cristo dita, especificamente, uma mensagem através do apóstolo João, para as sete igrejas da Ásia Menor: *o que vês, escreve-o num livro, e envia-o às sete igrejas que estão na Ásia: a Éfeso, e a Esmirna, e a Pérgamo, e a Tiatira, e a Sardes, e a Filadélfia, e a Laodiceia* (Ap 1.11).

Essas eram congregações reais localizadas em cidades ao longo do que conhecemos hoje como Turquia, listadas na ordem que segue a antiga rota postal. Cada uma dessas igrejas foi fundada como fruto do ministério dos apóstolos (principalmente Paulo), com Éfeso servindo como a igreja mãe para todas as outras daquela região. Já ao final de sua vida, João ministrou na igreja em Éfeso, o que lhe deu uma íntima conexão com todas as outras congregações.

No entanto, quando o Senhor lhe revelou o livro de Apocalipse, João estava vivendo no exílio em uma colônia penal na Ilha rochosa de Patmos.

Na noite em que Cristo foi preso, o próprio Senhor avisou seus discípulos que a perseguição estava chegando: *Se o mundo vos odeia, sabei que, primeiro do que a vós, me odiou a mim... Se a mim me perseguiram, também vos perseguirão a vós* (Jo 15.18, 20).

Não demorou muito para que a perseguição atingisse pleno vapor. A igreja enfrentou oposição desde o início, começando com os líderes religiosos de Israel. Da mesma forma, foi vítima das suspeitas hostis de Roma. A cultura romana era dominada por religiões pagãs e escarnecedoras. Os cristãos não se encaixavam nem podiam participar da vida cotidiana daquela sociedade perversa. Além disso, o cristianismo simplesmente não fazia sentido para as pessoas mergulhadas na cultura romana. A doutrina e a prática da igreja primitiva eram tão incompreendidas que os romanos acusavam falsamente os cristãos de canibalismo, incesto e outras perversões sexuais. Rumores se espalhavam dizendo que os cristãos eram ateus e dissidentes políticos porque se recusavam a adorar César como deus. No ano 64 d.C., Nero, o imperador romano, jogou com essas suspeitas antigas para tirar o foco de seus próprios delitos. Naquele ano, quando um incêndio devastou grande parte da cidade de Roma, o povo começou a suspeitar que ele era o culpado. Nero, então, mudou sua estratégia contra os cristãos, instituindo uma campanha oficial de perseguição contra eles por toda a cidade e além dela. Essa perseguição continuou durante o resto do seu reinado. Durante essa primeira onda de perseguição, Pedro e Paulo foram executados, juntamente com muitos outros que foram caçados e abatidos por esporte.

Também durante o reinado de Nero, Roma travou uma batalha sangrenta para sufocar as esperanças de independência do povo de Israel.

Quase mil cidades, aldeias e assentamentos em Israel foram inteiramente queimados, com seus habitantes massacrados ou dispersos. Em 70 d.C., Jerusalém foi derrubada, e o templo foi destruído. O que antes era a capital do reino de Deus na terra, agora, estava sob o controle dos pagãos.

Pouco mais de uma década depois, Roma iniciou outra onda de perseguição sob o domínio do imperador Domiciano. Essa segunda campanha contra a igreja foi mais longa — de 81 a 96 d.C. — e estendeu-se por todo o império. O ataque de Roma à igreja foi organizado e militarizado. Milhares de cristãos perderam a vida, enquanto outros foram banidos ou fugiram. Os historiadores nos dizem que foi durante esse período que Timóteo foi espancado até a morte. Tertuliano — que nascera cerca de 60 anos após a morte do apóstolo João — alegou que "o apóstolo João foi mergulhado pela primeira vez, sem ferimentos, em óleo fervente e daí remetido à sua ilha-exílio!"[12] Devido à ausência de testemunhas oculares, não se pode provar a veracidade dessa tradição, mas ela sem dúvida reflete a ferocidade da campanha de Roma contra os cristãos. É dito que Nero mandava cobrir os cristãos com breu ou resina de pinheiro e envolvia-os em papiros ou feixes de madeira. Ou, então, crucificava-os em cruzes embebidas em creosoto. Em seguida, mandava lhes perfurar a garganta de forma que não conseguissem gritar, e lhes ateava fogo enquanto ainda estavam vivos, utilizando-os como tochas para iluminar suas festas no jardim[13].

Em Apocalipse 1.9, João diz que foi condenado à ilha-prisão de Patmos *por causa da Palavra de Deus e do testemunho de Jesus*. Pregar o evangelho era um crime punível com a morte. Patmos não é a ilha paradisíaca que alguns podem, inicialmente, imaginar. É, na verdade,

---

[12]TERTULIANO. *On prescription against heretics* (A prescrição contra hereges). In: ROBERTS, Alexander, DONALDSON, James (trans.) *Ante-nicene fathers* (Os pais anteriores a Niceia), vol. 10. New York: Christian Literature Publishing Co., 1885, 3:260.

[13]COOK, John Granger. *Roman attitudes toward the christians: from Claudius to Hadrian* (Atitudes romanas em relação aos cristãos: de Cláudio até Adriano). Tübingen: Mohr Siebeck, 2010, p. 77-78. Cf. Tácito, *Annals* (Anais) 15:44.

uma rocha em forma de lua crescente projetando-se para dentro do mar Egeu, com aproximadamente 16 quilômetros de comprimento e 8 de largura. No tempo de João, Patmos era um lugar desolado, e isolado, a quase 65 quilômetros da costa de Mileto, entre a Ásia Menor e Atenas. A sentença de João incluiu, provavelmente, a perda de todos os seus bens e de qualquer direito civil que ele tivesse sob a lei romana. Embora o apóstolo estivesse vivo no exílio, aquele tipo de vida era praticamente uma sentença de morte, uma vez que passaria o resto de sua vida fazendo trabalhos forçados e pesados nas pedreiras, com comida escassa e condições gerais muito precárias. Já em seus 90 anos João não poderia esperar sobreviver por muito tempo em Patmos.

Como Paulo, em 2Coríntios 11.23–29, a dor física que João suportou também não podia ser comparada à angústia que sentia por sua amada igreja na Ásia Menor e seu abandono à autoridade da Palavra de Deus. Pelas cartas que Cristo ditou a cada igreja individualmente — que examinaremos com mais detalhes nos capítulos que se seguem —, sabemos que elas estavam envolvidas com vários tipos de comportamentos duvidosos, incluindo imoralidade sexual, idolatria e hipocrisia. Elas toleravam o pecado e comprometiam-se com a cultura pagã que as rodeava. De bom grado recebiam falsos mestres e até os ajudavam a espalhar suas heresias. De muitas maneiras deixaram exemplos que viriam a ser repetidos pelas igrejas nas eras subsequentes, incluindo as igrejas evangélicas em todo o mundo ocidental atual.

Vinte e cinco anos antes da visão de João em Patmos, o apóstolo Paulo advertiu sobre os perigos que a igreja primitiva enfrentava. Ele instou a Timóteo: *Portanto, não te envergonhes do testemunho de nosso Senhor, nem de mim, que sou prisioneiro seu; antes participa das aflições do evangelho segundo o poder de Deus* (2Tm 1.8). Nos versículos 13–14, Paulo recomenda: *Retenha, com fé e amor em Cristo Jesus, o modelo da sã doutrina que você ouviu de mim. Quanto ao bom depósito, guarde-o por meio do Espírito Santo que habita em nós.*

Paulo sabia que perseguição e sofrimento alcançariam Timóteo. Ele também sabia como era fácil cair e ceder quando se é ameaçado com prisão, tortura e morte. Ao longo de sua epístola final, ele procurou preparar seu jovem discípulo para futuras provações. E continua no capítulo 2:

> ... fortifique-se na graça que há em Cristo Jesus. ... Suporte comigo os sofrimentos, como bom soldado de Cristo Jesus (2Tm 2.1b e 3).

> Procure apresentar-se a Deus aprovado, como obreiro que não tem do que se envergonhar, que maneja corretamente a palavra da verdade. Evite as conversas inúteis e profanas, pois os que se dão a isso prosseguem cada vez mais para a impiedade. O ensino deles alastra como câncer... (2Tm 2.15–17).

> Fuja dos desejos malignos da juventude e siga a justiça... Evite as controvérsias tolas e fúteis (2Tm 2.22–23).

Paulo se preocupava não apenas com Timóteo, mas com toda a igreja. Ele entendia as ameaças espirituais que surgiam no horizonte para o povo de Deus:

> Saiba disto: nos últimos dias sobrevirão tempos terríveis. Os homens serão egoístas, avarentos, presunçosos, arrogantes, blasfemos, desobedientes aos pais, ingratos, ímpios, sem amor pela família, irreconciliáveis, caluniadores, sem domínio próprio, cruéis, inimigos do bem, traidores, precipitados, soberbos, mais amantes dos prazeres do que amigos de Deus, tendo aparência de piedade, mas negando o seu poder. Afaste-se também destes... os perversos e impostores irão de mal a pior, enganando e sendo enganados (2Tm 3.1–5, 13).

Durante todo o seu ministério, o apóstolo Paulo advertiu cuidadosamente sobre o perigo de se sucumbir a falsos mestres, e sobre a necessidade de ser vigilante e perspicaz diante dessa ameaça. *Recomendo-lhes, irmãos, que tomem cuidado com aqueles que causam divisões e colocam obstáculos ao ensino que vocês têm recebido. Afastem-se deles. Pois essas pessoas não estão servindo a Cristo, nosso Senhor, mas a seus próprios apetites. Mediante palavras suaves e bajulação, enganam os corações dos ingênuos* (Rm 16.17–18).

Ele também entendia que a luta para manter a pureza doutrinária e moral da igreja, não é exclusivamente externa — há muitas ameaças também vindas de dentro: *Pois virá o tempo em que não suportarão a sã doutrina; pelo contrário, sentindo coceira nos ouvidos, segundo os seus próprios desejos juntarão mestres para si mesmos. Eles se recusarão a dar ouvidos à verdade, voltando-se para os mitos* (2Tm 4.3–4). Ao partir da igreja de Éfeso, Paulo preparou os anciãos da igreja, dando-lhes uma forte advertência para que guardassem o rebanho que Deus lhes havia confiado: *Sei que, depois da minha partida, lobos ferozes penetrarão no meio de vocês e não pouparão o rebanho. E dentre vocês mesmos se levantarão homens que torcerão a verdade, a fim de atrair os discípulos. Por isso, vigiem!* (At 20.29–31). Menos de trinta anos depois, aquela igreja já havia deixado seu amor por Cristo e abraçado uma piedade vazia. E não foi só ela! Várias das congregações vizinhas também sucumbiram a algumas das próprias perversões sobre as quais Paulo advertira.

Julgamento para a família de Deus

No momento em que João chegou àquele ponto em sua vida, ele sabia muito bem que... *todos os que desejam viver piedosamente em Cristo Jesus serão perseguidos* (2Tm 3.12). Ele disse em seu cuidado pastoral: *Meus irmãos, não se admirem se o mundo os odeia* (1Jo 3.13). E, como João viveu seus últimos dias executando um trabalho forçado e torturante na Ilha de Patmos, ele certamente ficou surpreso ao ver como sua vida estava diferente do que esperava que seria, quando seguia Jesus.

Israel tinha expectativas muito altas quanto ao Messias e ao reino que ele instalaria. Os judeus ansiavam pela chegada do herdeiro do trono de Davi, que derrubaria a ocupação romana, acabaria com os inimigos de Israel e cumpriria todas as promessas de Deus a Abraão, a Davi e aos profetas. A salvação que eles esperavam era temporária, não eterna.

Os discípulos tinham essa mesma esperança. Ao longo do ministério de Cristo, havia entre eles disputas frequentes quanto à supremacia no prometido reino dos céus (ver Mt 18.1–5; Lc 9.46–48). João e seu irmão Tiago até pediram à sua mãe que intercedesse junto ao Senhor em favor deles (Mt 20.20–21). Atos 1.6 nos diz que, até o momento em que Cristo subiu ao céu, seus discípulos esperavam que ele liberasse seu poder soberano e inaugurasse seu reino na terra.

Nos anos que se seguiram, quando a igreja se expandiu e o Espírito Santo autenticou o ministério dos apóstolos através de dons miraculosos, o retorno do Senhor deveria parecer iminente. No entanto, quase imediatamente, a igreja foi inundada por falsos mestres. Em pouco tempo, muitos dos irmãos apóstolos de João morreram nas mãos de Roma — quando chegou a Patmos, ele era o único apóstolo ainda vivo.

Com os cristãos fugindo de uma perseguição impiedosa e com as igrejas em sério declínio espiritual, João poderia ter todos os motivos para ficar desapontado e deprimido. Será que o plano do Senhor para a igreja havia fracassado? Seria fácil imaginá-lo clamando para que o Senhor lhe mostrasse o que estava acontecendo — pedindo alguma percepção divina que o encorajasse e o confortasse no crepúsculo de seu ministério apostólico. Não importa quão experiente e espiritualmente maduro fosse, ele, certamente, usufruiria de toda esperança e consolo que pudesse receber.

Em vez disso, o que ele viu foi algo absolutamente aterrorizante. João nos diz: *Quando o vi, caí aos seus pés como morto* (Ap 1.17). Ele viu o próprio Cristo glorificado como governante, juiz e executor. Ele viu o Senhor em toda a sua glória como o cabeça da igreja, pronto para julgar com justiça — não o mundo, mas sua igreja!

A mensagem de Cristo para a igreja, através de João, é inequívoca: *Arrependam-se*. Cristo chama, cada vez mais, as igrejas rebeldes para se arrependerem e passarem por uma reforma. Para a igreja em Éfeso, ele disse: *Lembre-se de onde caiu! Arrependa-se e pratique as obras que praticava no princípio* (Ap 2.5). Ele tinha uma mensagem semelhante para a igreja em Pérgamo: *Portanto, arrependa-se! Se não, virei em breve até você e lutarei contra eles com a espada da minha boca* (2.16) Ele advertiu a igreja em Tiatira sobre o julgamento severo que a esperava..., *a não ser que se arrependesse* (2.22). Ele cobrou a igreja em Sardes: *Lembre-se, portanto, do que você recebeu e ouviu; obedeça e arrependa-se* (3.3). E deu um aviso final para a igreja em Laodiceia, lembrando-lhes: *Repreendo e disciplino aqueles que eu amo. Por isso, seja diligente e arrependa-se* (3.19).

Esses avisos não eram aleatórios nem indiferentes. Cada chamada ao arrependimento vinha acompanhada das consequências devastadoras que aguardavam a igreja que não se submetia à reforma. O que João viu e ouviu sobre isso foi o cumprimento das palavras de Pedro, décadas antes em sua primeira epístola: *Pois chegou a hora de começar o julgamento pela casa de Deus* (1Pe 4.17). Assim como Paulo, Pedro conhecia os perigos espirituais que ameaçavam a igreja, e eles vinham de dentro. Pedro também sabia que as igrejas, em alguns casos, sucumbiriam a tentações, a falsas doutrinas, à atração do mundo e/ou aos ataques do maligno. Pedro chamou seus leitores para perseverarem sob a perseguição, que ele entendeu ser, em parte, o julgamento de Deus contra a igreja infiel. Além disso, Pedro também entendeu que Deus sempre opera dessa forma com o seu povo.

Como bom aluno do Antigo Testamento, Pedro estava familiarizado com a profecia de Ezequiel 9, outra visão aterrorizante do julgamento de Deus: *Então o ouvi clamar em alta voz: Tragam aqui os guardas da cidade, cada um com uma arma na mão* (9.1). Escrevendo durante o cativeiro na Babilônia, Ezequiel teve uma visão de Deus utilizando forças estrangeiras para executar o julgamento sobre o seu povo. A visão continua:

> E vi seis homens que vinham da porta superior, que está voltada para o norte, cada um com uma arma na mão. Com eles estava um homem vestido de linho e que tinha um estojo de escrevente à cintura. Eles entraram e se puseram ao lado do altar de bronze.
>
> Então a glória do Deus de Israel subiu de cima do querubim, onde havia estado, e se moveu para a entrada do templo. E o Senhor chamou o homem

vestido de linho e que tinha um estojo de escrevente à cintura e lhe disse: 'Percorra a cidade de Jerusalém e ponha um sinal na testa daqueles que suspiram e gemem por causa de todas as práticas repugnantes que são feitas nela'. Enquanto eu escutava, ele disse aos outros: 'Sigam-no por toda a cidade e matem, sem piedade ou compaixão, velhos, rapazes e moças, mulheres e crianças. Mas não toquem em ninguém que tenha o sinal. Comecem no meu santuário'. Então eles começaram com as autoridades que estavam em frente do templo (9.2–6).

A ira de Deus atingiu o ponto de ebulição devido à apostasia de Israel. Alguns que permaneceram fiéis foram poupados, mas todos os outros enfrentariam a plenitude do seu julgamento. Além disso, o extermínio começaria na própria sede de sua autoridade e no centro de adoração, com os mais culpados pela apostasia de Israel.

Em essência, essa é a mesma visão que João viu — o Senhor como o justo Juiz, chamando suas igrejas para se arrependerem de sua infidelidade a ele.

A maioria das pessoas que vai a uma igreja acredita que lá é um lugar seguro — talvez o lugar *mais seguro* de todos — quando se trata de ameaças do julgamento do Senhor. É quase como entrar na arca; uma vez que você está dentro, seguro, você é intocável.

Mas isso não é verdade. Honestamente, essa é uma noção tola e perigosa. Só porque você está em uma igreja — ou algo que assim possa ser chamado, onde o nome de Jesus é louvado e canções são cantadas sobre ele —, isso não significa que você está a salvo das ameaças de Deus. Nos primeiros capítulos do livro de Apocalipse, o Senhor faz algumas ameaças fortes e diretas contra as igrejas. Uma igreja não é mais segura do que qualquer outro lugar no mundo, e suas frequentes transgressões exigem um julgamento ainda mais rápido.

É por isso que essa passagem é tantas vezes negligenciada e raramente debatida. Enquanto o Senhor pedia repetidamente que Israel se arrependesse e retornasse a um relacionamento correto com ele, os capítulos iniciais do livro de Apocalipse compõem o único trecho em que ele emprega uma linguagem semelhante ao lidar com os pecados e fracassos das igrejas. Sentimo-nos desconfortáveis em pensar que Deus chama sua igreja para se arrepender e reformar, mas a ameaça com julgamento, se ela assim não o fizer. É extremamente importante que atendamos aos avisos que Cristo nos dá através da pena de João em Apocalipse.

Sim, essas cartas foram escritas para congregações locais específicas sobre seus problemas particulares. Mas elas também servem como advertências para toda a igreja ao longo da história. E, como veremos, as repreensões dirigidas às igrejas da Ásia Menor são igualmente aplicáveis à igreja moderna.

As questões que corromperam as igrejas no primeiro século são as mesmas ameaças que a igreja enfrenta hoje: idolatria, imoralidade sexual, comprometimento com o mundo e sua cultura pagã, morte espiritual e hipocrisia. Nos séculos que se seguiram, a igreja não conseguiu superar essas conhecidas armadilhas. Nem Deus baixou ou suavizou seu justo padrão. Independentemente de quando e onde, ele exige que a igreja seja pura.

Essa foi a mensagem para as igrejas em Apocalipse. Aproximadamente dois mil anos depois, Cristo ainda está chamando as igrejas ao arrependimento e avisando sobre as terríveis consequências de não se arrependerem.

DOIS

A obra do Senhor em sua IGREJA

Antes de considerarmos as cartas individuais do Senhor às igrejas da Ásia Menor, precisamos prestar muita atenção no que João viu em sua visão do Cristo glorificado. Não podemos perder de vista a significância de como o Senhor escolheu manifestar a sua glória e descortinar sua obra ininterrupta na igreja. Todos os detalhes são importantes. Tudo o que o João viu ajudou a informar e a iluminar o chamado de Cristo para que a igreja se arrependesse.

João começa a descrever sua visão em Apocalipse 1.9. Em vez de afirmar sua autoridade apostólica, ele humildemente se identifica como *irmão e companheiro de vocês no sofrimento, no reino e na perseverança em Jesus.* Como um homem redimido, ele faz parte do reino. Sua fé persistiu e ele perseverou. Só que ele está em meio à perseguição, vivendo no exílio *por causa da palavra de Deus e do testemunho de Jesus.* Pregar o evangelho era considerado um crime muito grave. Àquela altura, todos os outros apóstolos já estavam mortos. Os cristãos eram perseguidos e assassinados. No entanto, o pior de tudo, é que a igreja estava se afastando da verdade e abandonando os fiéis ensinamentos que João e os apóstolos haviam lhe transmitido. Era um tempo sombrio na vida da igreja. E isso, provavelmente, fez com que a visão de João fosse ainda mais assombrosa.

Ele continua:

> No dia do Senhor achei-me no Espírito e ouvi por trás de mim uma voz forte, como de trombeta, que dizia: 'Escreva num livro o que você vê e envie a estas sete igrejas: Éfeso, Esmirna, Pérgamo, Tiatira, Sardes, Filadélfia e Laodiceia.'
>
> Voltei-me para ver quem falava comigo. Voltando-me, vi sete candelabros de ouro e entre os candelabros alguém 'semelhante a um filho de homem', com uma veste que chegava aos seus pés e um cinturão de ouro ao redor do peito. Sua cabeça e seus cabelos eram brancos como a lã, tão brancos quanto a neve, e seus olhos eram como chama de fogo. Seus pés eram como o bronze numa fornalha ardente, e sua voz como o som de muitas águas. Tinha em sua mão direita sete estrelas, e da sua boca saía uma espada afiada de dois gumes. Sua face era como o sol quando brilha em todo o seu fulgor.
>
> Quando o vi, caí aos seus pés como morto. Então ele colocou sua mão direita sobre mim e disse: 'Não tenha medo. Eu sou o primeiro e o último. Sou aquele que vive. Estive morto, mas agora estou vivo para todo o sempre! E tenho as chaves da morte e do Hades. Escreva, pois, as coisas que você viu, tanto as presentes como as que estão por vir. Este é o mistério das sete estrelas que você viu em minha mão direita e dos sete candelabros: as sete estrelas são os anjos das sete igrejas, e os sete candelabros são as sete igrejas' (v. 10–20).

Todos os elementos da visão de João trazem poderosas implicações doutrinárias para o relacionamento da igreja com Cristo, o cabeça. Nenhum outro texto das Escrituras oferece uma visão tão vívida e detalhada do que o Senhor está fazendo em sua igreja — não apenas nas congregações da Ásia Menor, mas ao longo de toda a história do Corpo de Cristo.

A voz como de uma trombeta

João não gasta muito tempo definindo a cena de sua visão. Dois detalhes bastam: *No dia do Senhor achei-me no Espírito* (1.10). A expressão *no Espírito* já significa que aquela experiência não era normal para um ser humano. Através do Espírito Santo, João foi capacitado a experimentar algo fora de seus sentidos e fora do reino físico. A visão de João não pode ser explicada por nenhum fenômeno do mundo criado — ele não estava dormindo ou sonhando; ele estava bem acordado. Perfeitamente coerente e em sã consciência, João foi transportado pelo Espírito para além dos limites do entendimento humano, a um plano espiritual de existência em que ele poderia manter comunhão direta com Deus.

Isto é extremamente raro, mesmo para um apóstolo, mas as Escrituras indicam alguns outros exemplos de experiências sobrenaturais semelhantes. Isaías descreve: *... eu vi o Senhor assentado num trono alto e exaltado, e a aba de sua veste enchia o templo* (Is 6.1). Ezequiel também descreve: *o Espírito entrou em mim e me pôs de pé, e ouvi aquele que me falava* (Ez 2.2). O livro de Atos descreve visões semelhantes, que Pedro (10.9–16) e Paulo (22.17– 21) tiveram do Senhor. Quanto à sua própria experiência sobrenatural, Paulo mais tarde escreveria aos coríntios: *Conheço um homem em Cristo que há catorze anos foi arrebatado ao terceiro céu. Se foi no corpo ou fora do corpo, não sei; Deus o sabe. E sei que esse homem — se no corpo ou fora do corpo, não sei, mas Deus o sabe — foi arrebatado ao paraíso e ouviu coisas indizíveis, coisas que ao homem não é permitido falar* (2Co 12.2–4).

Da mesma forma que Paulo, não se pode dizer ao certo como essa experiência ocorreu com João. O que sabemos é que o Senhor abriu, de forma sobrenatural, a percepção de João para o reino divino e houve clara e nítida comunicação com ele e, através dele, conosco.

O único outro detalhe que João nos dá é que ele recebeu essa visão *no dia do Senhor* (Ap 1.10). Este termo, neste contexto, não tem sentido escatológico. João não está se referindo ao Dia do Senhor (volta de Cristo), o retorno de Deus para julgar (2Pe 3.10). No final do primeiro século, *o dia do Senhor* era a nomenclatura habitual dos cristãos para se referirem ao primeiro dia da semana – o intuito era lembrar o dia em que o Senhor se levantara da sepultura. João está simplesmente nos dizendo que era um domingo em Patmos.

Naquele domingo em particular, João diz: *ouvi por trás de mim uma voz forte, como de trombeta* (Ap 1.10). O Antigo Testamento registra que um som similar ecoou antes de Deus entregar sua lei aos israelitas no monte Sinai: *Ao amanhecer do terceiro dia houve trovões e raios, uma densa nuvem cobriu o monte, e uma trombeta ressoou fortemente. Todos no acampamento tremeram de medo* (Êx 19.16).

Ao longo do livro de Apocalipse, voz ou som altos precedem anúncios solenes e expressões de louvor celestial (ver Ap 8.13; 14.2). É um som estridente e penetrante. Soa como trombeta, mas não vem de um instrumento. Na visão de João, é a voz do próprio Senhor, comunicando-se diretamente com ele, requerendo total atenção do apóstolo e abafando qualquer outro ruído. O som é inconfundível — o ressuscitado e glorificado Senhor Jesus Cristo está falando. É hora de ouvir.

E o que ele disse? *Escreva num livro o que você vê e envie a estas sete igrejas: Éfeso, Esmirna, Pérgamo, Tiatira, Sardes, Filadélfia e Laodiceia* (Ap 1.11).

Em meio ao seu grande sofrimento no exílio, é possível que João se perguntasse o motivo de o Senhor tê-lo mantido vivo. Por que ele não fora morto como os outros apóstolos? Por que ele vivera o suficiente para ver a igreja declinar-se espiritualmente? Haveria futuro para a igreja?

Deus lhe dá a resposta no versículo 11. O Senhor ainda tinha um trabalho para ele fazer. João tinha de escrever um livro. E, então, João recebe o privilégio de olhar para o final dos tempos — para a vitória final sobre o pecado e para a futura glorificação da igreja. Condenado ao exílio em uma ilha rochosa, o apóstolo com as asas da revelação profética subiu até o próprio trono de Deus e viu a glória de Cristo. Ele abandonara o mundo, e agora percorreria os céus.

O Senhor lhe disse que escrevesse o que via. E o que ele viu foi surpreendente!

O Senhor em sua igreja

João escreve: *Voltei-me para ver quem falava comigo. Voltando-me, vi sete candelabros de ouro* (1.12). As lâmpadas no mundo antigo eram normalmente confeccionadas com barro ou metal. Depois se acrescentavam óleo e um pavio flutuante. Ocorre, porém, que, se a lâmpada ficasse no rés do chão, a luz dela proveniente não teria muito alcance. Para iluminar uma sala, seria necessário elevá-la em um candelabro. Tais utensílios eram familiares aos leitores de João no primeiro século. Contudo, os candeeiros vistos por João eram diferentes de todos os que ele já vira anteriormente, pois eram feitos de ouro puro. O material utilizado já indicava o grande valor desses candeeiros.

No versículo 20, Jesus explica a importância desses valiosos utensílios: *Este é o mistério ... dos sete candelabros: os sete candelabros são as sete igrejas* (Ap 1.20). Assim como um candelabro era usado para iluminar uma sala, Deus chamou sua igreja para ser a luz do mundo (Fp 2.15). O fato de eles serem feitos de ouro evidencia quão preciosa a igreja é para Deus. Na verdade, não há nada mais valioso na terra, e nada que tenha sido comprado por tão alto preço (At 20.28).

João identifica as sete igrejas como aquelas mencionadas no versículo 11. Mas as metáforas não se limitam a elas. Nas Escrituras, o número 7 geralmente significa completude. Então, essas mensagens específicas enviadas por Deus, para essas igrejas específicas, são válidas para toda a igreja. Na visão de João, elas são igrejas distintas que simbolizam a igreja em todas as suas variações, ao longo da história.

Isso não é tudo. João diz: *... vi sete candelabros de ouro e entre os candelabros alguém 'semelhante a um filho de homem'* (Ap 1.13). Esse é o próprio Cristo, o Filho do homem. Só que ele não se parece com o Cristo visto pela última vez por João, antes da ascensão. No final do seu ministério, a glória de Cristo ainda estava oculta em seu corpo ressurreto. Aqui, na visão de João, sua glória está em exibição total.

Há tremendo conforto e encorajamento na representação de Cristo no meio de sua igreja. João certamente se lembrou da promessa que o Senhor fez aos discípulos na noite de sua prisão: *Não os deixarei órfãos; voltarei para vocês* (Jo 14.18). Ao partir desta terra, Cristo consolou seus discípulos: *E eu estarei sempre com vocês, até o fim dos tempos* (Mt 28.20). O autor de Hebreus incluiu esse lembrete para a igreja do Novo Testamento, citando a repetida promessa de Deus a Israel:

De maneira alguma te deixarei, nunca jamais te abandonarei (Hb 13.5b, ARA). João sabia que o Senhor não o abandonaria, nem à sua igreja. No entanto, lembrar-se da constante presença do Senhor lhe dava segurança e encorajamento.

E isso deve nos encorajar também. Não servimos a um deus distante, ou a um antigo mártir. O Senhor da igreja está vivo e ativo no meio de seu povo. E os detalhes seguintes da visão de João nos oferecem uma maior clareza do que Cristo está fazendo em sua igreja.

O sumo sacerdote intercessor

João descreve a aparição de Cristo em Apocalipse 1.13, dizendo que ele estava *com uma veste que chegava aos seus pés e um cinturão de ouro ao redor do peito*. O manto que João descreve pode indicar majestade ou hierarquia oficial – certamente, Cristo é o preeminente da igreja. Anteriormente, em suas saudações introdutórias, João identificou Cristo como *o soberano dos reis da terra* (1.5).

No entanto, a linguagem que João usa para descrever o manto e, particularmente a faixa de ouro, está diretamente ligada às roupas usadas pelos sumos sacerdotes de Israel (ver Lv. 16.4). O que João vê é uma representação de Cristo em seu papel como o Grande Sumo Sacerdote intercedendo em nome de sua igreja.

O escritor de Hebreus repetidamente exalta a obra de Cristo como nosso Grande Sumo Sacerdote: *Portanto ele é capaz de salvar definitivamente aqueles que, por meio dele, aproximam-se de Deus, pois vive sempre para interceder por eles* (Hb 7.25). *Quando Cristo veio como sumo sacerdote dos benefícios agora presentes, ele adentrou o maior e mais perfeito tabernáculo, não feito pelo homem, isto é, não pertencente a esta criação. Não por meio de sangue de bodes e novilhos, mas pelo seu próprio sangue, ele entrou no Santo dos santos, uma vez por todas, e obteve eterna redenção* (Hb 9.11–12). Ele é um *sumo sacerdote misericordioso e fiel com relação a Deus e fazer propiciação pelos pecados do povo* (Hb 2.17). Como nosso Sumo Sacerdote, Cristo é incomparável em sua capacidade de simpatizar com nossa fraqueza

(Hb 4.15) e ele é *capaz de socorrer aqueles que também estão sendo tentados* (Hb 2.18).

Em Romanos 8, Paulo exalta as bênçãos da obra sacerdotal de Cristo: *Quem fará alguma acusação contra os escolhidos de Deus? É Deus quem os justifica. Quem os condenará? Foi Cristo Jesus que morreu; e mais, que ressuscitou e está à direita de Deus, e também intercede por nós* (Rm 8.33–34). Ele continua explicando que ninguém pode impedir nosso relacionamento com Deus — e, que devido à obra remidora de Cristo, nada pode nos separar do seu amor (vs. 38–39).

Novamente, isso é um tremendo conforto para os crentes — nosso salvador vive, e ele trabalha ininterruptamente em sua igreja, intercedendo em nosso favor e compassivamente agindo para sua glória e nosso bem.

O soberano purificador

Não é meramente o traje sacerdotal de Cristo que evidencia a obra que ele realiza em sua igreja. João continua em Apocalipse 1.14: *E a sua cabeça e cabelos eram brancos como lã branca, como a neve.* A cabeça de Cristo e seus cabelos não eram apenas brancos – eram fulgurantes, brilhantes como a mais pura lã e como a neve. As palavras escolhidas por João aqui foram para fazer uma descrição – ele está se referindo a Daniel 7.9, que apresenta o ancião de dias sentado em seu trono, e *o cabelo de sua cabeça como a pura lã*. As imagens aqui não só afirmam a divindade de Cristo, mas também falam sobre sua pureza. Ele é totalmente imaculado e absolutamente santo.

E ele espera que o seu povo seja santo também. Como Paulo explicou aos Efésios, essa era a finalidade primária ao salvá-los. O apóstolo diz que Cristo *amou a igreja, e a si mesmo se entregou por ela, para a santificar, purificando-a com a lavagem da água, pela palavra, para a apresentar a si mesmo igreja gloriosa, sem mácula, nem ruga, nem coisa semelhante, mas santa e irrepreensível* (Ef 5.25–27). Ele também exortou aos colossenses, lembrando-os de que Cristo *vos reconciliou no corpo da sua carne, pela morte, para perante ele vos apresentar santos, e irrepreensíveis, e inculpáveis* (Cl 1.22). Pedro disse sem rodeios em sua primeira epístola: *Mas, como é santo aquele que vos chamou, sede vós também santos em toda a vossa maneira de viver; porquanto está escrito: Sede santos, porque eu sou santo* (1Pe 1.15–16). O próprio Cristo declarou durante o Sermão da Montanha: *Sede vós pois perfeitos, como é perfeito o vosso Pai que está nos céus* (Mt 5.48).

Considerando tudo o que as Escrituras nos dizem sobre a pureza e santidade do Senhor, não consigo entender como muitos crentes professos vivem determinados tipos de vida; ou como algumas chamadas igrejas procedem de determinada forma — os repetidos flertes com o pecado, a interminável tentativa de agradar os pecadores não arrependidos. Muitos cristãos vivem hoje em flagrante desrespeito, e a eles o apóstolo Tiago adverte seriamente: *Adúlteros, vocês não sabem que a amizade com o mundo é inimizade com Deus? Quem quer ser amigo do mundo faz-se inimigo de Deus* (Tg 4.4). A constante afronta à santidade de Cristo, vinda daqueles que deveriam ter maior conhecimento a respeito, é algo desolador. João deve ter tido esse mesmo sentimento em relação às igrejas da Ásia Menor.

E sua visão ilustra que, não importa o que esteja acontecendo na igreja, o próprio Senhor está consciente de tudo. O apóstolo escreve: *... seus olhos eram como chama de fogo* (Ap 1.14). É uma ilustração da onisciência sagrada de Cristo. Como os *lasers* penetrantes, os olhos do Senhor veem tudo. Nada deixa de ser notado por ele; nenhum segredo permanece oculto. Seu olhar penetrante enxerga diretamente o coração de sua igreja, e o coração de todo crente.

Mateus 10.26 nos diz: *Não há nada escondido que não venha a ser revelado, nem oculto que não venha a se tornar conhecido*. O autor de Hebreus explica a profunda natureza da onisciência do Senhor: *Nada, em toda a criação, está oculto aos olhos de Deus. Tudo está descoberto e exposto diante dos olhos daquele a quem havemos de prestar contas* (Hb 4.13). O Senhor da igreja não deixará de reconhecer o pecado nela existente. Ele não deixará isso de lado.

A visão de João continua em Apocalipse 1.15: *Seus pés eram como o bronze numa fornalha ardente*. No mundo antigo, reis e governantes sentavam-se em tronos bem altos, de modo que aqueles sob sua autoridade eram mantidos sob seus pés. Olhando por esse lado, os pés de um rei simbolizavam autoridade e julgamento. Mas, ao contrário dos governantes humanos feitos de carne, nosso Senhor tem pés de bronze polido — pés ardentes e fundidos que julgam. João vê Cristo movendo-se em sua igreja não apenas como seu Sumo Sacerdote, mas também como seu Rei e Juiz.

Esse não é o julgamento final contra o pecado, pois se trata de uma poda: Cristo está purificando sua igreja. Para a manutenção da pureza, ele a disciplinará. Cristo falou sobre isso no evangelho de João: *Todo ramo que, estando em mim, não dá fruto, ele corta; e todo que dá fruto ele poda, para que dê mais fruto ainda* (Jo 15.2).

O escritor de Hebreus entrou em mais detalhes:

> *Vocês se esqueceram da palavra de ânimo que ele lhes dirige como a filhos: 'Meu filho, não despreze a disciplina do Senhor, nem se magoe com a sua repreensão, pois o Senhor disciplina a quem ama, e castiga todo aquele a quem aceita como filho.' Suportem as dificuldades, recebendo-as como disciplina; Deus os trata como filhos. Pois, qual o filho que não é disciplinado por seu pai? Se vocês não são disciplinados, e a disciplina é para todos os filhos, então vocês não são filhos legítimos, mas sim ilegítimos. Além disso, tínhamos pais humanos que nos disciplinavam, e nós os respeitávamos. Quanto mais devemos submeter-nos ao Pai dos espíritos, para assim vivermos! Nossos pais nos disciplinavam por curto período, segundo lhes parecia melhor; mas Deus nos disciplina para o nosso bem, para que participemos da sua santidade* (Hb 12.5–10).

O Senhor ama sua igreja o suficiente para discipliná-la e dar-lhe o castigo necessário para proteger sua pureza. E através de sua Palavra ele nos instrui sobre como devemos guardar essa pureza. Mateus 18 dá a receita para lidarmos com o pecado na igreja — infelizmente, grande parte dela, para sua infelicidade, ignora esse procedimento. As

Escrituras nos advertem das consequências nefastas de não se conseguir proteger a pureza da igreja de Deus. Em Atos 5, Ananias e Safira foram mortos em meio a uma reunião congregacional por mentirem ao Espírito Santo e à igreja. Em 1Coríntios 11, Paulo nos diz que alguns na igreja de Corinto estavam doentes, e outros morreram por terem celebrado descuidadamente a Ceia do Senhor.

Quando você vê um crente cuja vida está sendo esmagada pelo pecado, ou um líder da igreja que é forçado a sair do ministério por causa de alguma corrupção na vida, você está vendo o Senhor trabalhando na igreja. Ele intercede para proteger os seus, mas também aplica disciplina para purificar a igreja.

A voz da autoridade

A próxima característica da visão de João não se refere ao que ele viu, mas sim ao que ele ouviu. Em Apocalipse 1.15, João escreve: *a sua voz [era] como o som de muitas águas*. Não há praias de areia macia na Ilha de Patmos, nem há marés lentas e calmas. Durante as tempestades, as ondas batem contra as rochas produzindo um rugido ensurdecedor. Esse som violento e arrebatador foi como João descreveu a voz do Senhor. É um eco de Ezequiel 43.2, afirmando que Cristo e o Pai falam com a mesma voz trovejante de autoridade sobre a igreja.

João ouvira essa voz antes. Na transfiguração de Cristo, a voz de Deus ecoou, dizendo: *Este é o meu Filho, o escolhido; ouçam a ele!* (Lc 9.35). Uma das características que define os crentes é que eles reconhecem a autoridade de Cristo e obedecem à sua Palavra: *As minhas ovelhas ouvem a minha voz; eu as conheço, e elas me seguem* (Jo 10.27). Submeter-se à autoridade de Cristo é fundamental para a vida de fé: *Se vocês me amam, obedecerão aos meus mandamentos* (Jo 14.15).

Ouço, frequentemente, pastores dizerem: *Você precisa aprender a ouvir a voz de Deus e a estar sintonizado para escutá-la enquanto ela ainda está baixa*. Não tenho ideia do que isso significa. Deus não murmura. Ele não sussurra sutilezas nos ouvidos do seu povo. Quando o Senhor fala à sua igreja, sua voz é inconfundível. Ela troveja sobre a igreja através da autoridade divina das Escrituras Sagradas.

Proteção e cuidado divinos

O Senhor não só fala com autoridade com a sua igreja, mas também exerce controle soberano sobre ela. Em Apocalipse 1.16, João enxerga Cristo segurando algo em sua mão: *Tinha em sua mão direita sete estrelas.* No versículo 20, Jesus esclarece quem essas estrelas representam: *As sete estrelas são os anjos das sete igrejas.*

Essa simples tradução resultou em uma confusão significativa e discordante entre estudiosos e comentaristas bíblicos. É verdade que o palavra *angeloi* pode significar anjos — mas pense nas implicações disso. Por que Cristo daria uma mensagem a João, para depois ela ser retransmitida aos anjos, para que, então, eles a entregassem à igreja? O Senhor certamente poderia encontrar um meio mais direto de comunicação com seu anfitrião celestial. Além disso, as Escrituras nunca deram autoridade aos anjos sobre a igreja. Hebreus 1.14 os descreve como servos ministradores, não líderes.

Apocalipse 1.20 seria muito mais simples de ser explicado, e seu sentido seria bem mais claro, se *angeloi* fosse traduzido por "mensageiros", como é em outras passagens (ver Lc 7.24; 9.52; Tg 2.25). Então, é mais provável que João se refira a pastores ou líderes de cada uma das sete igrejas. É perfeitamente possível que João tenha recebido visitantes, e que eles tenham levado a Palavra de Deus de volta às suas igrejas. (Sabemos que alguém realizou essa função. De que outra forma estaríamos lendo Apocalipse hoje?)

As Escrituras não nos dizem, especificamente, quem eram esses homens, mas a mensagem da visão de João é clara: o Senhor sempre terá seus pastores escolhidos. Que grande conforto é saber que eles estão seguros na palma de sua mão!

Como veremos, a situação na Ásia Menor era sombria. A deserção espiritual ocorria em algumas das congregações. A perseguição tinha chegado — alguns fugiram e outros se comprometeram com o mundo.

Porém, no meio disso tudo, o Senhor ainda tinha homens fiéis servindo em sua igreja.

O mesmo é verdade em todas as gerações da igreja. É fácil desanimar quando vemos pastores fracos e tolos levando suas igrejas a se desviarem, e quando há uma notável ausência de liderança piedosa. É ainda mais doloroso quando um desses pastores infiéis naufraga em sua fé através da imoralidade e da impiedade. Temos razão para nos entristecer quando hereges e falsos mestres tornam o evangelho motivo de chacota. Mas não devemos nos esquecer de que a igreja está sempre sob os cuidados soberanos de Cristo. Sempre haverá pastores fiéis a quem ele mesmo capacita, chama e separa para cuidarem de suas ovelhas.

Além disso, ele não ignorará aqueles que, de alguma forma, afligirem sua igreja através da maldade e do falso ensino. A visão de João continua em Apocalipse 1.16 com uma ilustração da proteção soberana do Senhor para sua igreja. Ele escreve: *da sua boca saía uma espada afiada de dois gumes.* Essa não é uma espada sem corte; é a devastadora espada da verdade de Deus. Nos capítulos mais à frente, Deus a utiliza contra os ímpios (Ap 19.15, 21). Porém, neste ponto do livro, o Senhor a empunha ao julgar os inimigos e ameaças de dentro da igreja. Em sua carta à igreja em Pérgamo — uma igreja invadida por heresias e falsos mestres —, Cristo adverte: *virei em breve até você e lutarei contra eles com a espada da minha boca* (Ap 2.16). Ele usa a espada da sua verdade para acabar com qualquer ameaça à pureza de sua igreja.

Hebreus 4.12 nos lembra da potência letal da verdade de Deus: *Pois a palavra de Deus é viva e eficaz, e mais afiada que qualquer espada de dois gumes; ela penetra ao ponto de dividir alma e espírito, juntas e medulas, e julga os pensamentos e intenções do coração.* Essa é a arma preferida do Senhor contra enganadores, charlatães e todo falso mestre que escarnece ou comercializa seu evangelho. Ele empunha a espada de sua Palavra contra os inimigos de seu povo para que nada possa impedi-lo de edificar sua igreja (Mt 16.18).

Uma reflexão da glória

João nos dá um detalhe final sobre a aparição de Cristo em Apocalipse 1.16: *Sua face era como o sol quando brilha em todo o seu fulgor.* Olhar para o rosto do Senhor era como olhar diretamente para o sol ao meio-dia, em um dia claro. O que era aquela luz brilhante? O *shekinah* — a resplandecente e santa glória de Deus, irradiando diante da face de seu Filho.

Parece que João emprestou essa expressão de Juízes 5.31, que diz: *os que te amam sejam como o sol quando se levanta na sua força.* Mateus 13.43 ecoa a ideia: *... os justos brilharão como o sol no Reino do seu Pai.* A glória de Deus, na pessoa de Jesus Cristo, brilha através da igreja, e assim o povo de Deus reflete sua glória para o mundo que a contempla. Paulo fala exatamente sobre isso em 2Coríntios 4.6: *Pois Deus, que disse: 'Das trevas resplandeça a luz', ele mesmo brilhou em nossos corações, para iluminação do conhecimento da glória de Deus na face de Cristo.*

Através da vida transformada de seu povo, o Senhor está tornando o evangelho atraente para o mundo não arrependido. Ele está atraindo homens e mulheres para si mesmo, através do caráter piedoso de sua igreja. O próprio Cristo estabeleceu esse padrão no evangelho de Mateus: *Assim brilhe a luz de vocês diante dos homens, para que vejam as suas boas obras e glorifiquem ao Pai de vocês, que está nos céus* (Mt 5.16).

Esta é a realidade culminante da igreja: Deus redime os pecadores para construir sua igreja e usa essas vidas transformadas para refletir a majestade da sua glória, através da qual ele atrai mais pecadores para si mesmo. A grandiosa e resplandecente glória do Senhor brilha através da igreja, iluminando um mundo escuro e perdido.

O terror se transforma em conforto

Qual é a resposta apropriada para essa vívida representação da obra de Cristo em sua igreja? João caiu "como morto" aos pés do Senhor (Ap 1.17). Através das Escrituras afere-se que esse tipo de terror intenso e fulminante era a reação condizente de todos que tiveram uma visão de Deus, ou um encontro celestial. Quando o anjo do Senhor apareceu e anunciou o nascimento de Sansão, Manoá disse à sua esposa: *'Sem dúvida vamos morrer!' disse ele à mulher, 'pois vimos a Deus!'* (Jz 13.22). Deslumbrado com a sua visão de Deus no templo, Isaías gritou: *'Então gritei: Ai de mim! Estou perdido! Pois sou um homem de lábios impuros e vivo no meio de um povo de lábios impuros; e os meus olhos viram o Rei, o Senhor dos exércitos'* (Is 6.5). Depois que um anjo lhe apareceu, Daniel escreveu: *fiquei sem forças, muito pálido, e quase desfaleci* (Dn 10.8). Devido a uma radiante luz vinda do céu na estrada para Damasco, Saulo de Tarso e seus companheiros de viagem caíram ao chão (At 26.13–14). João, juntamente com Pedro e Tiago, caíram no chão ao som da voz de Deus durante a transfiguração de Cristo (Mt 17.6). E um dia o mundo não arrependido vai perceber o terror do juízo de Deus e clamar para as montanhas e rochas: *Caiam sobre nós e escondam-nos da face daquele que está assentado no trono e da ira do cordeiro! Pois chegou o grande dia da ira deles; e quem poderá suportar?* (Ap 6.16–17).

As Escrituras são claras: ao contrário de relatos frívolos e arrogantes de homens e mulheres de hoje que afirmam, falsamente, ter visto Deus, a reação de todos que realmente viram o Senhor era de pavor. Pecadores — até mesmo pecadores redimidos — têm motivos para estarem aterrorizados pela presença do Deus santo. Há sempre medo ao ocorrer uma verdadeira visão de Cristo, porque vemos a sua glória e ele vê o nosso pecado.

João desmoronou com o impacto de sua visão. E, se estivéssemos na presença do Senhor, contemplássemos seus pés de bronze de julgamento e os dois gumes da espada de sua Palavra, também nos transformaríamos em um monturo sem vida. Mas esse terror tornou-se conforto e segurança conforme a visão continuou: *Então ele colocou sua mão direita sobre mim e disse: 'Não tenha medo. Eu sou o primeiro e o último. Sou aquele que vive. Estive morto, mas agora estou vivo para todo o sempre! E tenho as chaves da morte e do Hades'* (Ap 1.17–18).

Essas simples palavras transmitiram uma poderosa mensagem de encorajamento a João e a todos os crentes: o Senhor não é nosso carrasco. Embora Cristo administre castigo e julgamento contra a igreja, a dívida pelos nossos pecados já foi paga. Ele "estava morto", mas está "vivo para todo o sempre." Essa simples verdade assegura perpetuamente nosso coração com a grata garantia de nossa salvação. João proclamou essa grande segurança em sua saudação inicial: Cristo *nos ama e nos libertou dos nossos pecados por meio do seu sangue* (Ap 1.5). Só Cristo possui "as chaves da morte e do Hades." Os remidos não têm o que temer. Jesus proclama: *Eu sou a ressurreição e a vida. Aquele que crê em mim, ainda que morra, viverá; e quem vive e crê em mim, não morrerá eternamente* (Jo 11.25–26). Esta foi a garantia e o conforto que ele apresentou a João em meio ao seu temor: sua dívida já foi paga. Você pertence a mim, e nada — nem mesmo seu pecado — pode mudar isso.

João não interpretou sua visão de forma errada; Cristo *estava* realmente julgando sua igreja. Mas o justo juiz não tinha em vista João. Ele tinha uma obra para o seu amado apóstolo realizar. Ele disse: *Escreva, pois, as coisas que você viu, tanto as presentes como as que estão por vir...* (Ap 1.19). A tarefa de João ainda não estava completa. Ele deveria registrar o que havia visto, o que o Senhor ainda diria para as igrejas da Ásia Menor, e as visões proféticas que foram tendo lugar ao longo do restante do livro. Em outras palavras, "Levante-se. Sacuda a poeira. E comece a trabalhar."

Essa mesma segurança e encorajamento se estende a todos os crentes. O terror inicial de ver Deus mover-se em juízo contra sua igreja se transforma em conforto quando refletimos sobre o que ele fez por nós. Não temos nada a temer porque Cristo morreu e ressuscitou. Ele nos redimiu e está sempre intercedendo por nós, protegendo nossa pureza e provendo pastores fiéis para guardar seu rebanho. Surpreendentemente, apesar de nossa indignidade, ele tem uma obra para que realizemos. Não iremos escrever outro livro da Bíblia, mas fomos chamados para proclamar a glória de seu evangelho até os confins da terra. E já é hora de começar a trabalhar.

TRÊS

A igreja **sem amor**: ÉFESO

Em uma tentativa de apanhar Jesus em algum erro doutrinário, os fariseus o desafiaram a indicar o mais importante mandamento da Lei de Deus (Mt 22.36). Ele respondeu: *'Ame o Senhor, o seu Deus de todo o seu coração, de toda a sua alma e de todo o seu entendimento'. Este é o primeiro e maior mandamento* (Mt 22.37–38; ver também Lc 10.27).

Nosso amor pelo Senhor é a medida mais verdadeira de nosso compromisso com ele. Ele frisou isso a seus discípulos *Aquele que tem os meus mandamentos e os guarda, esse é o que me ama; e aquele que me ama será amado de meu Pai, e eu o amarei, e me manifestarei a ele... Se alguém me amar, guardará a minha palavra* (Jo 14.21, 23, ARIB). Para expor a verdadeira natureza do coração de Pedro, o Senhor perguntou-lhe três vezes: *Você me ama?* (Jo 21.15–17). Cristo exige nosso amor integral: *Quem ama seu pai ou sua mãe mais do que a mim não é digno de mim; quem ama seu filho ou sua filha mais do que a mim não é digno de mim...* (Mt 10.37). A marca dos verdadeiros filhos de Deus é que eles amam o Filho de Deus (Jo 8.42). Paulo disse que o amor de Cristo constrange seu povo (2Co 5.14).

Simplificando, amar Cristo é a característica definidora de um cristão. No entanto, apesar de o crente genuíno sempre amar ao seu Senhor, a intensidade desse amor pode mudar com o tempo. O amor do redimido deve ser cuidadosamente guardado e nutrido, ou diminuirá com o passar do tempo.

A verdade é que nenhum de nós pode dizer que o nosso amor por ele é realmente o que deveria ser. Aquele primeiro e maior de todos os mandamentos – *Amarás ao Senhor teu Deus de todo o teu coração, e de toda a tua alma, e de todas as tuas forças, e de todo o teu entendimento* (Lc 10.27) – estabelece um padrão incrivelmente alto. Dada a fraqueza da nossa carne, a maldição do pecado, a persistência da tentação e muitas outras distrações terrenas que disputam nossa atenção e afeição, o amor sincero e firme por Cristo é frustrantemente inatingível. Todos nós devemos, como o apóstolo Paulo, confessar que, sob o padrão estabelecido pela lei, fracassamos miseravelmente: *Assim, encontro esta lei que atua em mim: Quando quero fazer o bem, o mal está junto a mim. Pois, no íntimo do meu ser tenho prazer na lei de Deus; mas vejo outra lei atuando nos membros do meu corpo, guerreando contra a lei da minha mente, tornando-me prisioneiro da lei do pecado que atua em meus membros* (Rm 7.21–23). *Porque tenho o desejo de fazer o que é bom, mas não consigo realizá-lo* (v. 18).

Em resumo, nenhum de nós jamais cumpriu completamente o primeiro e mais básico de todos os mandamentos de Deus por mais de uma hora. Precisamos reconhecer esse fracasso como pecado e como uma porta de entrada para um pecado maior.

Entretanto, nossa incapacidade em cumprir o mandamento de Deus de maneira perfeita não nos absolve de maneira alguma do dever de buscar o padrão que ele estabelece. Nutrir um grande amor por Cristo ainda deve ser o objetivo de todo coração convertido. E devemos fielmente nos guardar das distrações e tentações que dividem nosso coração e diminuem nosso amor por Cristo. Negligenciar esse dever é cortejar um desastre espiritual.

Não há, nas Escrituras, melhor ilustração dos graves perigos de um declínio do amor a Deus do que a carta de Cristo à igreja em Éfeso.

Uma ilha em um mar de paganismo

A Ásia Menor era totalmente pagã. Mesmo antes da perseguição romana, ali teria sido um lugar muito difícil para ministrar o evangelho.

A cultura local era dominada por mundanismo, depravação, misticismo e idolatria. Bem no centro disso tudo estava a cidade de Éfeso. Embora Pérgamo fosse a capital da região, Éfeso era o seu verdadeiro centro. Abrigava por volta de 500 mil pessoas e era chamada de "Luz da Ásia", dominando assim toda a região.

Logo de início, Éfeso abrigava o porto principal na Ásia Menor, o qual servia como ponto de entrada tanto de pessoas quanto de bens para as outras partes da província. O porto ficava na foz do rio Caister, a cerca de 5 quilômetros da cidade. Hoje ele não existe mais, foi enterrado sob profundas camadas de sedimentos que erodiram do rio e encheram o porto (isso provavelmente contribuiu para a morte da antiga cidade, que hoje está em ruínas). Além de seu valor como porto de embarque, Éfeso também fazia parte da convergência de quatro importantes rotas comerciais romanas. A cidade não era meramente a "Luz da Ásia"; era também o seu mercado. Se você estivesse viajando por aquela parte do mundo, certamente passaria por Éfeso.

Isso significa que a cidade também era um centro de cultura e entretenimento. O teatro podia abrigar até 25 mil pessoas e, na primavera, recebia eventos esportivos que rivalizavam com as antigas Olimpíadas. Era um enorme e extenso desfile de atletismo, peças teatrais, desfiles e sacrifícios pagãos. É possível que Paulo estivesse se referindo aos Jogos de Éfeso quando escreveu em 1Coríntios 16.8–9 sobre seus planos: *... permanecerei em Éfeso até o Pentecoste, porque se abriu para mim uma porta ampla e promissora; e há muitos adversários.* O afluxo de peregrinos e espectadores de todo o mundo mediterrâneo teria feito de Éfeso um convidativo campo missionário.

No entanto, o que realmente promovia Éfeso era o Templo de Ártemis, uma das Sete Maravilhas do Mundo Antigo, construído em mármore reluzente, com tamanho aproximado de um quarteirão urbano. Dominava não apenas a paisagem, mas toda a vida da cidade. Além de sua utilização religiosa, o templo também servia de museu, mercado, banco para as famílias mais ricas da Ásia Menor, e até como um refúgio para criminosos.

No entanto, a principal função do templo era a adoração de Ártemis (ou Diana), a deusa mais sagrada do antigo mundo greco-romano. Todos os dias, o templo era invadido por milhares de sacerdotes, eunucos, prostitutas do templo, músicos, dançarinos e outros adoradores. O próprio culto consistia no que poderia ser chamado de histeria caótica: embriaguez, depravação, desvios sexuais e frenesis de automutilação. Era uma exibição horrível e asquerosa.

Heráclito foi um filósofo grego pagão que nasceu e viveu em Éfeso no século 5 a.C., e mesmo ele ficou horrorizado com as perversões exibidas em sua cidade natal. Ele descrevia a cultura de Éfeso como obscura e vil, e dizia que a moral de seus concidadãos era menor que a dos animais. "Os efésios merecem ser enforcados, cada um deles", escreveu ele.[1] Com essa escuridão e corrupção espiritual dominantes, Éfeso provavelmente não seria o primeiro lugar que você escolheria para plantar uma igreja.

E ainda assim o evangelho prosperou ali – mais do que isso, explodiu daquela cidade para toda a Ásia Menor.

É possível que nenhuma igreja na história tenha tido uma linhagem de líderes tão fiéis quanto os da igreja de Éfeso; os efésios foram muito abençoados por tê-los. O livro de Atos indica que os parceiros de Paulo no ministério, Priscila e Áquila, foram os primeiros a levar o evangelho à cidade (At 18.18–19). É provável que a igreja tenha sido fundada sob a liderança deles. Logo se juntaram a eles um homem chamado Apolo — um judeu do Egito que "tinha grande conhecimento das Escrituras (Antigo Testamento)" e era fervoroso no Espírito (v. 24–25). Quando Priscila e Áquila o ouviram pregando na sinagoga, perceberam que ele conhecia apenas o batismo de João (v. 25) – isto é, ele ainda pregava a mensagem de João Batista. Priscila e Áquila foram os primeiros a contar-lhe sobre Jesus Cristo (v. 26). Em Atos 19, vemos Paulo retornando a Éfeso e encontrando mais discípulos de João Batista, a quem ele, então,

---

[1] WATERFIELD, Robin (ed.) *The first philosophers: the presocratics and sophists* (Os primeiros filósofos: os pré-socráticos e sofistas). Oxford: Oxford University, 2000, p. 45.

levou à fé em Cristo (v. 1–7). Esses crentes foram o alicerce sobre o qual a igreja de Éfeso foi estabelecida.

Paulo ficou três anos em Éfeso, pregando fielmente e nutrindo a igreja. Atos 19.10 diz que, através de seu ministério, *todos os judeus e os gregos que viviam na província da Ásia ouviram a palavra do Senhor.* Por causa da localização estratégica de Éfeso, o evangelho espalhou-se em todas as direções. Foi durante esse período que as outras igrejas da Ásia Menor foram plantadas ao longo da antiga rota postal, com a semente do evangelho sendo disseminada a partir de Éfeso.

As Escrituras nos dizem que, naqueles dias, *Deus fazia milagres extraordinários por meio de Paulo, de modo que até lenços e aventais que Paulo usava eram levados e colocados sobre os enfermos. Estes eram curados de suas doenças, e os espíritos malignos saíam deles* (At 19.11–12). O Espírito Santo validou a mensagem e o poder do evangelho através dessas obras milagrosas. O livro de Atos indica que alguns dos exorcistas locais ficaram com ciúmes do poder de Paulo e tentaram explorá-lo em proveito próprio (v. 13). Entre eles havia um grupo, os filhos de Ceva, os quais citaram os nomes de Paulo e do Senhor para expulsar o espírito maligno de um homem. O espírito respondeu: *Jesus, eu conheço, Paulo, eu sei quem é; mas vocês, quem são?* (At 19.15). E a história continua: *Então o endemoninhado saltou sobre eles e os dominou, espancando-os com tamanha violência que eles fugiram da casa nus e feridos* (v. 16). Isso é o pior que poderia acontecer para um falso exorcista. A Bíblia diz que esses incidentes fizeram a cidade inteira temer a Deus – o nome do Senhor foi magnificado e sua Palavra, fortalecida (v. 17, 20).

O temor crescente ao Senhor impactou significativamente a idolatria da cidade – particularmente o lado comercial. *Grande número dos que tinham praticado ocultismo reuniram seus livros e os queimaram publicamente. Calculado o valor total, este chegou a cinquenta mil dracmas* (At 19.19). Um ourives chamado Demétrio incitou um motim com seus colegas comerciantes porque o progresso do evangelho estava acabando com a venda dos ídolos que eles fabricavam (v. 21–41). A igreja estava se expandindo em tal ritmo que eles temiam que a adoração no Templo de Ártemis parasse por completo.

No meio dessa antiga cidade, dedicada ao repudiável paganismo e à vil perversão, um pequeno grupo de homens e mulheres fielmente unidos proclamou a mensagem de Jesus Cristo. E, apesar desse contexto conturbado, algumas das maiores vitórias já conquistadas pelo evangelho da graça se deram na cidade de Éfeso. A igreja floresceu — primeiro sob a liderança de Paulo e depois de Timóteo (1Tm 1.3), Onesíforo (2Tm 1.16, 18), Tíquico (2Tm 4.12) e, finalmente, João. Nenhuma igreja na história poderia reivindicar uma herança mais rica de pastores tão fiéis.

Porém, como veremos, mesmo essa herança incomparável não os impediria de cair em pecado.

Saudações e recomendações

Não temos apenas más notícias para a igreja de Éfeso. De fato, o Senhor identifica vários aspectos louváveis de sua fé e serviço.

Apocalipse 2.1 diz: *Ao anjo da igreja em Éfeso escreva: Estas são as palavras daquele que tem as sete estrelas em sua mão direita e anda entre os sete candelabros de ouro.* Não haveria mal-entendido ou confusão sobre o remetente dessa carta. Ela fora entregue em mãos por homens, escrita pelas penas de João, mas, inquestionavelmente, o Senhor se identifica como seu autor. Estas são suas palavras diretas e fidedignas.

Ele diz: *Conheço as suas obras, o seu trabalho árduo e a sua perseverança. Sei que você não pode tolerar homens maus, que pôs à prova os que dizem ser apóstolos, mas não são, e descobriu que eles eram impostores. Você tem perseverado e suportado sofrimentos por causa do meu nome, e não tem desfalecido* (Ap 2.2–3). Essa é uma igreja da qual cristãos maduros gostariam de participar. O Senhor os elogiou de forma específica e detalhada, com referências ao seu padrão de fidelidade. Ele diz: *Conheço as suas obras, o seu trabalho árduo e a sua perseverança.* A palavra grega traduzida "labuta" (trabalho árduo) é *kopos*. Refere-se a trabalhar até o ponto de exaustão; é o tipo de trabalho que nos suga não apenas fisicamente, mas também emocional e espiritualmente. A igreja de Éfeso labutava pelo reino e se desgastava totalmente pelo evangelho. Eles não eram preguiçosos ou indiferentes; estavam sempre ocupados, dando tudo o que tinham pela causa de Cristo.

Os efésios eram diligentes e contrastavam fortemente com muitas pessoas de hoje, que pensam na igreja como algo semelhante a um teatro, com o objetivo de entreter e satisfazer. Muitas igrejas modernas estão cheias de espectadores. A igreja de Éfeso não era assim. Seus membros entendiam que haviam sido chamados para trabalhar arduamente na obra do reino de Deus. E eles estavam felizes em consumir-se por causa do evangelho.

No entanto, os efésios não eram conhecidos apenas por suas obras. No versículo 2 do capítulo 2, Cristo também os elogiou por sua perseverança. Isso não é uma resignação sombria nem uma recusa obstinada à desistência. A palavra grega aqui (*hupomonē*) significa, literalmente, "permanecer sob." Fala de uma nobre coragem que prontamente aceita dificuldades, sofrimentos, perdas e perseguições. É uma atitude de quem não se entrega, de quem persiste e se empenha diante das dificuldades e oposição.

O versículo 2 continua a descrever suas credenciais piedosas, ao observar que eles "não podem tolerar os homens maus." Os efésios eram sensíveis ao pecado e à presença do mal. Odiavam o mal, como o próprio Deus odeia, e reconheciam o dano que o pecado causa à comunhão e ao testemunho da igreja de Deus. Por consequência, eles entenderam que *um pouco de fermento leveda toda a massa* (Gl 5.9). Afere-se que eles seguiam as instruções de Cristo para a disciplina da igreja (Mt 18.15–20) e não fechavam os olhos para o pecado entre eles. Em sua epístola à igreja, Paulo exortou os efésios: *Não deem lugar ao diabo* (Ef 4.27). As palavras de Cristo aqui no Apocalipse indicam que eles foram fiéis a essa advertência e protegeram a comunidade contra as tentativas de Satanás de se infiltrar em sua comunhão.

Eles também formavam uma igreja que demonstrava grande discernimento. Apocalipse 2.2 observa: *pôs à prova os que dizem ser apóstolos, mas não são, e descobriu que eles eram impostores.*

Desde o início, a igreja primitiva esteve sob o ataque de falsos mestres. Os judaizantes e seu legalismo; os gnósticos e seu conhecimento elevado e secreto; os antinomianos e sua licenciosidade — falsos evangelhos e heresias sobejavam no mundo do primeiro século. Em sua segunda epístola — que provavelmente foi escrita em Éfeso —, João advertiu os crentes: *muitos enganadores têm saído pelo mundo... Se alguém chegar a vocês e não trouxer esse ensino, não o recebam em casa nem o saúdem* (2Jo 1.7, 10). Cristo identificou a ameaça representada pelos falsos mestres no Sermão da Montanha: *Cuidado com os falsos profetas. Eles vêm a vocês vestidos de peles de ovelhas, mas por dentro são lobos devoradores* (Mt 7.15). Quando Paulo se preparava para deixar os crentes efésios em Atos 20, ele registrou uma advertência aos anciãos: *Sei que, depois da minha partida, lobos ferozes penetrarão no meio de vocês e não pouparão o rebanho. E dentre vocês mesmos se levantarão homens que torcerão a verdade, a fim de atrair os discípulos. Por isso, vigiem! Lembrem-se de que durante três anos jamais cessei de advertir a cada um de vocês disso, noite e dia, com lágrimas* (At 20.29–31). Os crentes em Éfeso levaram essas advertências a sério e cuidadosamente *puseram à prova* (Ap 2.2) qualquer um que afirmasse falar pelo Senhor.

Apocalipse 2.6 também celebra seu discernimento: *Mas há uma coisa a seu favor: você odeia as práticas dos nicolaítas, como eu também as odeio.* A natureza da heresia nicolaíta se perdeu no tempo; não sabemos ao certo o que eles ensinavam ou o porquê de o Senhor odiar seus atos. Eles são mencionados novamente na carta à igreja em Pérgamo, na qual seu falso ensinamento estava ligado à idolatria de Balaão, possivelmente indicando que sua adoração incluía idolatria e imoralidade sexual. O pouco que sabemos chega até nós através da escrita dos pais da igreja primitiva. Ireneu registrou que os nicolaítas "viviam uma vida de indulgência desenfreada,"[2] enquanto Clemente de Alexandria

---

[2] Citado em TENNEY, Merrill C. *Interpreting revelation* (Interpretando o Apocalipse). Grand Rapids: Eerdmans, 1957, p. 61.

dizia que "[abandonam] a si mesmos a prazeres como cabras, como se insultassem o corpo, [e] levassem uma vida de autoindulgência."[3] Independentemente do que "os atos dos nicolaítas" envolviam, os efésios tinham o discernimento piedoso para evitar sua influência perversora. Eles estavam certos em odiar a heresia dos nicolaítas; e Deus também o fazia.

De onde eles adquiriram esse louvável discernimento? De serem bem experimentados na verdade de Deus. Essa foi uma igreja muito bem ensinada. Ela se sentava sob a tutela de algumas das mentes mais aguçadas e piedosas da igreja primitiva. Ocorre, porém, que eles não se acomodaram com esse legado; não assumiram que sua herança, por si só, os protegeria. Colocaram em prática os princípios e doutrinas que lhes foram transmitidos, e guardaram fielmente a igreja do constante ataque de falsos ensinos. A igreja moderna precisa tomar conhecimento desse exemplo. Não se pode defender a fé simplesmente afirmando suas credenciais. O discernimento doutrinário é um trabalho árduo, mas o legado de uma igreja pura e protegida é uma das maiores ofertas que podemos dar a Deus.

Finalmente, o Senhor resume sua recomendação à igreja de Éfeso no versículo 3: *Você tem perseverado e suportado sofrimentos por causa do meu nome, e não tem desfalecido* (Ap 2.3). A chave aqui é a motivação. Por décadas, eles labutaram na obra do evangelho e perseveraram contra a oposição feroz. Guardaram cuidadosamente a pureza da igreja. Foram vigilantes e protegeram o povo de Deus das constantes ameaças dos falsos mestres. Suportaram perseguição rigorosa e sofrimento. E não se cansaram nem sucumbiram ao desapontamento e à frustração. Por isso tudo, o Senhor diz que o motivo principal dos fiéis de Éfeso não era uma agenda de prioridades próprias ou a ambição pessoal. Não, eles fizeram isso por causa do nome de Cristo. Sim, a glória de Cristo e

---

[3]CLEMENTE. *The Stromata, or Miscellanies* (O Stromata, ou Miscelâneas). In: ROBERTS, Alexander, DONALDSON, James (eds.) *The ante-nicene fathers* (Os pais anteriores a Niceia), vol. 9. Edimburgo: T & T Clark, 1873, p. 2: 373.

o testemunho de seu evangelho estavam sempre em foco, funcionando como a força motriz por trás da vida da igreja.

De todos os ângulos e perspectivas, Éfeso parecia uma igreja exemplar. Na superfície, parecia ser um corpo forte e puro de crentes fiéis. Porém, os olhos do Senhor são *como chama de fogo* (Ap 1.14b). Nada escapa à sua penetrante e onisciente visão. E, abaixo da superfície, em sua essência, a igreja de Éfeso carregava uma falha espiritualmente fatal.

Da condecoração à condenação

Apocalipse 2.4 expõe o fracasso espiritual dos efésios e a causa da repreensão de Cristo: *Tenho, porém, contra ti que abandonaste o teu primeiro amor.* Os corações que, ao serem libertados do reino das trevas, ardiam por Cristo foram esmaecendo e se extinguindo com o tempo. Quatro décadas se passaram entre os primeiros dias da igreja sob a visão de Paulo e João em Patmos. A paixão daquela primeira geração esfriara, e a segunda geração simplesmente seguiu o padrão a ela transmitido. A devoção coletiva a Cristo estava sendo substituída por uma fria obediência. Eles mantinham todos os comportamentos externos corretos e a ortodoxia doutrinária, mas os cultos que prestavam ao Senhor não eram mais estimulados pelo amor original e ardente que nutriam por ele. Estavam caindo em um comportamento rotineiro — em uma piedade mecânica.

Mais de uma vez, o Senhor repreendeu Israel pelo mesmo problema. Suas palavras condenatórias ao povo ilustram o grave perigo de permitir que nosso amor pelo Senhor esfrie e enfraqueça. O Senhor ordenou ao profeta Jeremias:

> *Vá proclamar aos ouvidos de Jerusalém:*
>> *'Eu me lembro de sua fidelidade quando você era jovem: como noiva, você me amava e me seguia pelo deserto, por uma terra não semeada. Israel era santo para o Senhor, os primeiros frutos de sua colheita; todos os que o devoravam eram considerados culpados, e a desgraça os alcançava', declara o Senhor.*

A IGREJA SEM AMOR: ÉFESO

> *Ouçam a palavra do Senhor, ó comunidade de Jacó, todos os clãs da comunidade de Israel. Assim diz o Senhor:*
>
> *'Que falta os seus antepassados encontraram em mim, para que me deixassem e se afastassem de mim? Eles seguiram ídolos sem valor, tornando-se eles próprios sem valor.*
>
> *Eles não perguntaram: 'Onde está o Senhor, que nos trouxe do Egito e nos conduziu pelo deserto, por uma terra árida e cheia de covas, terra de seca e de trevas, terra pela qual ninguém passa e onde ninguém vive?*
>
> *Eu trouxe vocês a uma terra fértil, para que comessem dos seus frutos e dos seus bons produtos. Entretanto, vocês contaminaram a minha terra; tornaram a minha herança repugnante.*
>
> *Os sacerdotes não perguntaram pelo Senhor; os intérpretes da lei não me conheciam, e os líderes do povo se rebelaram contra mim. Os profetas profetizavam em nome de Baal, seguindo deuses inúteis.*
>
> *'Por isso, eu ainda faço denúncias contra vocês', diz o Senhor, 'e farei denúncias contra os seus descendentes.*
>
> *Atravessem o mar até o litoral de Chipre e vejam; mandem observadores a Quedar e reparem de perto; e vejam se alguma vez aconteceu algo assim: Alguma nação já trocou os seus deuses? E eles nem sequer são deuses! Mas o meu povo trocou a sua Glória por deuses inúteis.*
>
> *Espantem-se diante disso, ó céus! Fiquem horrorizados e abismados', diz o Senhor.*
>
> *'O meu povo cometeu dois crimes:*
>
>> *eles me abandonaram, a mim, a fonte de água viva;*
>> *e cavaram as suas próprias cisternas,*
>>> *cisternas rachadas que não retêm água.*
>
> (Jr 2.2–13)

Há uma passagem impressionante, que deve ajudar os crentes a entenderem a severidade de abandonar o seu primeiro amor, o Senhor. Por meio de Ezequiel, ele condena Israel por abandonar seu relacionamento com ele.

> *Quando passei de novo por perto, olhei para você e vi que já tinha idade suficiente para amar; então estendi a minha capa sobre você e cobri a sua*

> *nudez. Fiz um juramento e estabeleci uma aliança com você, palavra do Soberano Senhor.*
>
> *'Eu lhe dei banho com água e, ao lavá-la, limpei o seu sangue e a perfumei. Pus-lhe um vestido bordado e sandálias de couro. Eu a vesti de linho fino e a cobri com roupas caras. Adornei-a com joias; pus braceletes em seus braços e uma gargantilha em torno de seu pescoço; dei-lhe um pendente, pus brincos em suas orelhas e uma linda coroa em sua cabeça. Assim você foi adornada com ouro e prata; suas roupas eram de linho fino, tecido caro e pano bordado. Sua comida era a melhor farinha, mel e azeite de oliva. Você se tornou muito linda e uma rainha. Sua fama espalhou-se entre as nações por sua beleza, porque o esplendor que eu lhe dera tornou perfeita a sua beleza, palavra do Soberano Senhor.'*
>
> *'Mas você confiou em sua beleza e usou sua fama para se tornar uma prostituta. Você concedeu os seus favores a todos os que passaram por perto...'* (Ez 16.8–15).

Nesse sentido, até mesmo o elogio de Cristo à igreja de Éfeso se torna parte de sua condenação. Ele diz: Sim, você é doutrinária e moralmente pura. Você é zelosa, trabalhadora e disciplinada. Você nasceu no coração do paganismo, mas foi autenticada por sinais milagrosos e maravilhas. Você foi edificada através de uma explosão do evangelho. Você teve a melhor liderança possível e desfruta de sua rica herança até hoje. Você teve tudo. Você continua fiel. Você continua trabalhando, você contribui, você ainda crê. Você continua adorando e ainda mantém a verdade. Mas eu sei que você não me ama como me amava.

A mensagem é clara: "Volte. Não me abandone."

Todo crente e toda igreja corre esse perigo — particularmente aqueles que, como os efésios, podem facilmente amoldar-se a padrões de piedade e serviço, mas sem amor. Assim como precisamos nos empenhar na obra do reino de Deus, precisamos trabalhar para avivar as chamas de nosso amor por seu Filho. Não devemos ficar satisfeitos com o culto robótico prestado a partir de um coração frio. Não podemos permitir que nosso coração esmoreça para com o nosso salvador. O preço é alto demais.

Considere a reação em cadeia de abandonar o primeiro amor. O esfriamento do amor a Cristo é o precursor da apatia espiritual. A apatia, por sua vez, precede um novo objeto de amor. E o amor depositado em outro objeto significa prioridades concorrentes com Cristo, o que, por sua vez, leva a um comprometimento com o mundo e a corrupção, o que resulta em julgamento. Veremos que o padrão ocorre repetidamente nas cartas de Cristo a outras igrejas, quando ele as chama ao arrependimento.

A igreja de Éfeso continuava à beira do precipício. Embora tivesse abandonado seu primeiro amor e se tornado apática espiritualmente, ainda não havia entregado seu coração coletivo a outro objeto de amor. E também não tinha se comprometido com o mundo ou caído em corrupção. Ainda havia tempo para se arrepender e voltar ao amor que uma vez marcara seu relacionamento com o Senhor.

O chamado à ação

Cristo ordena que se faça exatamente isso. *Lembre-se de onde caiu! Arrependa-se e pratique as obras que praticava no princípio. Se não se arrepender, virei a você e tirarei o seu candelabro do seu lugar* (Ap 2.5). Esta é a receita do grande médico para restaurar um amor esvanescente.

O primeiro passo para você reavivar o amor pelo Senhor é lembrar-se de onde caiu. Pense nos primeiros dias de sua nova vida com Cristo. Lembre-se de como era se sentir nas nuvens por ter sido liberto do pecado! Lembre-se da alegria do Senhor e da profunda gratidão de seu coração redimido. Lembre-se de seu amor pelo povo de Deus e sua insaciável fome pela Palavra. Lembre-se da obra de iluminação do Espírito e da transformação de seu coração, vontade e mente. Lembre-se do conforto sem precedentes da verdadeira segurança bíblica. Devemos pensar, frequentemente, nessas coisas para alimentar as chamas do nosso amor por Cristo.

O Senhor, porém, não fica satisfeito com um mero sentimento melancólico como se fosse seu primeiro amor. Precisamos também nos arrepender e praticar as ações que fazíamos no início. É assim que você restaura um relacionamento amoroso – você volta e faz o que fazia no começo. Quebre o ciclo de culto frio e mecânico ao Senhor e restabeleça os hábitos de uma devoção amorosa. Não há melhor maneira de demonstrar arrependimento genuíno do que retornar aos padrões anteriormente praticados. Para os efésios, isso significava redescobrir a riqueza de sua devoção a Deus, à sua Palavra e à obra de seu reino.

Espero que você encontre grande conforto no fato de que eles foram chamados para se arrependerem. Não é fácil para nenhum cristão manter seu amor por Cristo. O pecado sempre invade e diminui nossa devoção a ele, mesmo que momentânea e esporadicamente. Porém, se considerarmos as grandes alturas das quais os efésios caíram, é um grande encorajamento saber que a queda não é permanente, que nosso amor pode ser renovado e nosso relacionamento, restaurado. Há plenitude de graça, mesmo no julgamento de Deus, e rica misericórdia em seu chamado ao arrependimento.

Mas... e se a igreja não prestasse atenção à advertência de Cristo para retornar ao primeiro amor, o que aconteceria? O Senhor responde: *Se não se arrepender, virei a você e tirarei o seu candelabro do seu lugar.* O Senhor não toleraria uma igreja com um amor decrescente por ele. Se os efésios não se arrependessem, o Senhor apagaria seu candelabro. Simplificando, isso significaria o fim daquela igreja.

A história não nos diz qual foi a resposta inicial da igreja em Éfeso ao chamado de Cristo ao arrependimento. Talvez tenha havido um período para reacender seu primeiro amor. Talvez a igreja tenha entendido a ameaça do julgamento de Cristo sobre ela. Não obstante, o Senhor removeu seu candelabro de lá. Hoje não existe mais a igreja em Éfeso — não há sequer uma cidade ali. Se aquela igreja pôde ser derrubada de uma altura espiritual tão grande, deveríamos esperar alguma ação diferente do Senhor em relação às igrejas que hoje sucumbem aos mesmos pecados? Precisamos nos lembrar do sábio conselho de Salomão: *Acima de tudo, guarde o seu coração, pois dele depende toda a sua vida*

(Pv 4.23). Devemos guardar nosso coração e retomar nosso primeiro amor por Cristo.

Oseias foi um dos muitos profetas encarregados de chamar um Israel desviado para se arrepender depois que seu amor por Deus havia esfriado e desaparecido. Ele terminou seu apelo a essa nação desobediente com palavras de consolo e uma promessa:

> Volte, ó Israel, para o Senhor, para o seu Deus. Seus pecados causaram sua queda! Preparem o que vão dizer e voltem para o Senhor. Peçam-lhe: 'Perdoa todos os nossos pecados e, por misericórdia, recebe-nos, para que te ofereçamos o fruto dos nossos lábios. A Assíria não nos pode salvar; não montaremos cavalos de guerra. Nunca mais diremos: 'Nossos deuses' àquilo que as nossas próprias mãos fizeram, porque tu amas o órfão' (Os 14.1–3).

Em resposta a esse arrependimento, o Senhor promete: *Eu curarei a infidelidade deles e os amarei de todo o meu coração* (Os 14.4).

Em Apocalipse 2, Cristo termina sua carta aos cristãos efésios da mesma forma, com uma exortação e uma promessa: *Aquele que tem ouvidos ouça o que o Espírito diz às igrejas. Ao vencedor darei o direito de comer da árvore da vida, que está no paraíso de Deus* (Ap 2.7). Esta não é uma observação final somente para os efésios; é uma palavra de conselho a todos os leitores dessas cartas. A frase "aquele que tem ouvidos ouça o que o Espírito diz às igrejas" é repetida em todas as sete cartas de Cristo. A implicação é que essas cartas nunca foram destinadas a um único público, nem a uma vida útil curta. Elas são advertências para todos os crentes e para todas as igrejas em todos os lugares, ao longo de toda a história. Este aviso não foi apenas para Éfeso; toda a igreja precisa sentir o peso dessas palavras. A Palavra de Deus, através de Pedro, reforça essa mensagem: *Pois chegou a hora de começar o julgamento pela casa de Deus* (1Pe 4.17).

Aos que ouvirem essas palavras, há uma promessa anexada: *Ao vencedor darei* (Ap 2.7). Frases semelhantes aparecem em todas as cartas, sempre enfatizando uma bênção para os "vencedores." Esse não é um chamado para alcançar uma vida espiritual mais elevada. É, nada mais, nada menos, uma maneira de identificar os cristãos verdadeiros. A primeira epístola de João nos mostra o que Cristo quer dizer aqui: *O que é nascido de Deus vence o mundo; e esta é a vitória que vence o mundo: a nossa fé. Quem é que vence o mundo? Somente aquele que crê que Jesus é o Filho de Deus* (1Jo 5.4-5). Todos os crentes são "vencedores" — sua fé no Senhor Jesus os tirou do império das trevas e os transportou para o reino da luz de Deus.

E o Senhor promete uma rica bênção aos vencedores: eles terão *o direito de comer da árvore da vida, que está no paraíso de Deus* (Ap 2.7). A árvore da vida apareceu pela primeira vez no jardim do Éden, juntamente com a árvore do conhecimento do bem e do mal (Gn 2.9). Depois que Adão e Eva foram corrompidos pelo pecado, eles foram expulsos do jardim para evitar seu acesso à árvore da vida (Gn 3.22-24). Eles estavam sob uma sentença de morte. Em Apocalipse 22, a árvore da vida aparece novamente (v. 2, 14, 19) – desta vez, simbolizando a vida eterna com Deus nos céus.

A promessa de Cristo aos vencedores é clara e direta: *Se você crê em mim, você será resgatado deste mundo que perecerá e receberá um lar comigo por toda a eternidade.* Apesar de o pecado na igreja requerer o julgamento do Senhor contra o seu povo, isso não faz com que eles percam a salvação. Essa é uma promessa que assegura a salvação eterna dos crentes – apesar de nossos repetidos fracassos em não atingirmos o padrão sagrado estabelecido por Deus, somos "vencedores" que não perderão sua salvação, e nosso Senhor nos segurará e nos levará ao Paraíso de Deus por toda a eternidade (Jo 6.37, 39).

Considere como seria ouvir essa carta lida pela primeira vez na igreja em Éfeso. Imagine o horror de saber que o próprio Senhor estava ameaçando fechar e exterminar a igreja se seus membros não se arrependessem e voltassem ao primeiro amor por ele. Você entraria em pânico, não é? E então, nesse cenário, Cristo encerra o texto com uma reconfortante e eterna promessa para sua igreja redimida. "Você precisa se arrepender quando seu amor diminuir; um julgamento temporário ocorrerá, se você não o fizer. No entanto, seu futuro continua seguro comigo." Assim como devemos prestar atenção nas palavras de advertência de Cristo à sua igreja, precisamos descansar na segurança de nossa salvação, sabendo que nada — nem mesmo nossas próprias falhas pecaminosas — *pode nos separar do amor de Deus* (Rm 8.38–39).

QUATRO

A igreja **perseguida**: ESMIRNA

Ao longo dos anos, tive o privilégio de viajar pela Europa Oriental e pela antiga União Soviética. Nessas viagens, encontrei muitos pastores que sofreram com a dura perseguição na Rússia comunista. Eles me contaram sobre como foi viver naquele tempo — não conseguiam estudar nem manter seus empregos. Viviam sob constante vigilância e abuso das autoridades. Alguns foram banidos para a Sibéria, e muitos morreram por sua fé. A maioria das igrejas era forçada a se reunir secretamente, e todos sabiam que se fossem descobertos o resultado seria a prisão, a tortura e até a morte. Essa era a vida sob o ateísmo agressivo do comunismo. E sabemos que ainda hoje há muitos cristãos que vivem sob circunstâncias semelhantes em outras partes do mundo dominadas pelo comunismo ou pelo islamismo.

Ocorre que, depois da queda da Cortina de Ferro, o que mais me surpreendeu foi a notável força dessas igrejas perseguidas. Onde quer que eu fosse, encontrava cristãos devotos e dedicados. Os anos de perseguição os forjaram em uma igreja pura, zelosa pela verdade e profundamente devotada a Cristo. Sua fé era viva e genuína, resultante de anos de sofrimento através de uma feroz oposição.

Os crentes em Esmirna foram similarmente purificados pela perseguição e elogiados pelo Senhor da igreja por sua fidelidade. Via-se ali o tipo de caráter cristão que é formado em meio ao sofrimento e à perseguição.

O fruto da perseguição

Quando o Senhor disse a seus discípulos em Mateus 16.18: *edificarei a minha igreja*, ele incluiu a promessa de que *as portas do Hades não poderão vencê-la*. As "portas do Hades" eram um eufemismo comum para a morte. O que ele estava dizendo é que Satanás atacaria a igreja com força letal. E, como a história da igreja nos revela, Satanás tem continuamente empreendido um ataque implacável e infame à igreja. O sistema mundial inteiro odeia Deus, sua Palavra e sua verdadeira igreja.

Como resultado, os cristãos devem esperar enfrentar perseguição. Em 2Timóteo 3.12, Paulo disse: *De fato, todos os que desejam viver piedosamente em Cristo Jesus serão perseguidos*. Pedro aconselhou seus leitores: *Amados, não se surpreendam com o fogo que surge entre vocês para os provar, como se algo estranho lhes estivesse acontecendo* (1Pe 4.12). O sofrimento não é fora do comum; mas também não é sem propósito. *O Deus de toda a graça, que os chamou para a sua glória eterna em Cristo Jesus, depois de terem sofrido durante pouco de tempo, os restaurará, os confirmará, lhes dará forças e os porá sobre firmes alicerces"* (1Pe 5.10). Esse é o conforto divino para os crentes — que não trabalharemos e nem sofreremos neste mundo em vão. Tiago nos diz para saudarmos as provações e o sofrimento com alegria, *pois vocês sabem que a prova da sua fé produz perseverança. E a perseverança deve ter ação completa, a fim de que vocês sejam maduros e íntegros, sem lhes faltar coisa alguma* (Tg 1.3-4). Considere isto: para os cristãos, não existe sofrimento sem sentido. O Senhor está sempre nos refinando, sempre nos moldando para a edificação de sua igreja.

Há também os efeitos purificadores a serem considerados. Hipócritas e charlatões não enfrentam as perseguições; eles fogem. Hereges e mercenários não duram muito quando a igreja está sob fogo. E aqueles que mercadejam a fé são forçados a interromper a comercialização quando o próprio nome de Deus é proibido. A perseguição expurga a igreja de falsos mestres, falsos evangelhos e falsas profissões de fé. Se a igreja hoje está à beira de outra onda de perseguição — como parece —, isso será benéfico. Como Pedro disse, até mesmo a mais feroz perseguição chega até nós com grandes benefícios espirituais: aperfeiçoa e confirma nossa fé, fortalece nosso compromisso com o Senhor e estabelece sua igreja no mundo contrário a ela. A perseguição não destrói a igreja; pelo contrário, a torna forte.

Paulo declarou essa realidade com base em sua própria experiência:

> Mas ele me disse: 'Minha graça é suficiente para você, pois o meu poder se aperfeiçoa na fraqueza.' Portanto, eu me gloriarei ainda mais alegremente em minhas fraquezas, para que o poder de Cristo repouse em mim. Por isso, por amor de Cristo, regozijo-me nas fraquezas, nos insultos, nas necessidades, nas perseguições, nas angústias. Pois, quando sou fraco é que sou forte. (2Co 12.9–10).

Esse também foi o caso de Esmirna.

A cidade e a igreja

Situada na costa do mar Egeu, quase 65 quilômetros ao norte de Éfeso, Esmirna era, segundo os historiadores, a cidade mais bonita da Ásia Menor. Da baía, a cidade se estendia em encostas ondulantes até o Pagos, uma colina que abrigava templos em homenagem a vários deuses e deusas, incluindo Zeus, Apolo, Afrodite, Asclépio e Cibele. A fim de agradar a todos, eles também tinham templos para César e Roma. Esmirna também era conhecida por sua ciência, sua medicina e sua academia. Homero supostamente nasceu em Esmirna (também havia um templo para ele). Era uma das cidades mais antigas da região, possivelmente estabelecida em 3 mil a.C. A Esmirna dos dias do apóstolo João fora reconstruída em 290 a.C. pelos sucessores de Alexandre, o Grande. Ao contrário de Éfeso, Esmirna ainda existe e é uma cidade próspera até hoje. Atualmente é conhecida como Izmir, uma das maiores cidades da Turquia.

E, em Esmirna, ainda há cristãos. Embora a maioria das igrejas seja católica, copta, ortodoxa ou siríaca, há indícios de que cristãos fiéis que acreditam na Bíblia vivem em Izmir até hoje, sob feroz perseguição nas mãos de muçulmanos. O Senhor acabou removendo o candelabro de Éfeso, mas ainda há luz em Esmirna.

Não sabemos quando o evangelho chegou pela primeira vez à cidade. A igreja foi fundada, provavelmente, durante o ministério de Paulo em Éfeso, quando *todos os judeus e os gregos que viviam na província da Ásia ouviram a palavra do Senhor* (At 19.10). Atos não nos fala sobre a vida da igreja em Esmirna. Os poucos detalhes bíblicos que conhecemos sobre essa fiel congregação vêm das próprias palavras de Cristo a ela em Apocalipse.

Como o Senhor faz em cada uma de suas cartas às sete igrejas, ele começa identificando-se nitidamente como o autor da carta. Para a igreja de Esmirna, ele refere a si mesmo como *o primeiro e o último, que morreu e tornou a viver* (Ap 2.8). Este é um eco das reconfortantes palavras do Senhor na visão inicial de João: *Não tenha medo. Eu sou o primeiro e o último. Sou aquele que vive. Estive morto, mas agora estou vivo para todo o sempre! E tenho as chaves da morte e do Hades* (Ap 1.17–18).

"O primeiro e o último" era um dos títulos do Antigo Testamento para Deus (ver Is 44.6; 48.12). É uma afirmação da natureza e da autoridade divina de Cristo. Cristo afirma esse título novamente no final de Apocalipse, proclamando: *Eu sou o Alfa e o Ômega, o Primeiro e o Último, o Princípio e o Fim* (Ap 22.13). Nosso Deus é eterno. Ele já existia quando todas as coisas foram criadas, e permanecerá após a destruição de todas as coisas. Ele transcende o tempo, o espaço e toda a criação.

E ainda assim, por causa dos pecadores miseráveis, ele esteve morto e ressuscitou. Mas como um Deus infinito morre? Somente na encarnação de Jesus Cristo, quando ele assumiu a forma humana para enfrentar uma morte substitutiva em nosso favor. Pedro nos diz que Cristo *foi morto no corpo, mas vivificado pelo Espírito* (1Pe 3.18). Ele morreu como homem pelo pecado e agora vive, como diz o autor de Hebreus, *segundo o poder de uma vida indestrutível* (Hb 7.16). A morte não pôde detê-lo. O corpo de Jesus morreu e foi para o túmulo. Mas Cristo não foi abandonado no sepulcro e seu corpo não sofreu decomposição

A IGREJA PERSEGUIDA: ESMIRNA

(At 2.31). Sua ressurreição dos mortos é a prova de que Deus aceitou seu sacrifício como expiação completa pelo pecado. A ressurreição é também a garantia de nossa esperança por uma eternidade com ele.

Essas seriam palavras particularmente reconfortantes para a igreja perseguida de Esmirna. Para eles, que eram desprezados, perseguidos e oprimidos e estavam em menor número, não poderia haver encorajamento maior do que ouvir essas afirmações do próprio Senhor, que sofrera muito mais do que eles estavam sofrendo (ver Hb 12.3–4). Com o Senhor ao seu lado, eles poderiam enfrentar qualquer ameaça — até mesmo a própria morte. Eles poderiam se apegar à promessa de Cristo no evangelho de João: *Eu sou a ressurreição e a vida. Aquele que crê em mim, ainda que morra, viverá; e quem vive e crê em mim, não morrerá eternamente...* (Jo 11.25–26). A morte não poderia detê-los mais do que a ele.

Em Apocalipse 2.9, o Senhor continua a dizer suas palavras tranquilizadoras: *Conheço as suas aflições e a sua pobreza; mas você é rico! Conheço a blasfêmia dos que se dizem judeus, mas não são, sendo antes sinagoga de Satanás.*

É dispensável que Esmirna era um lugar difícil para um cristão. Os crentes que ali moravam provavelmente enfrentaram vários tipos de perseguição. Para começar, a cidade era profundamente dedicada à adoração de César e celebrava qualquer coisa que viesse de Roma. Eles adoravam até a própria Roma — *Dea Roma* era uma deusa que personificava a cidade. Durante o reinado de Domiciano, os sacrifícios anuais a Cesar eram obrigatórios; recusar-se a oferecê-los era uma ofensa capital. De fato, o simples ato de deixar de dizer as palavras "César é Senhor", quando solicitado, poderia custar a vida de um cristão. Embora eles pudessem se submeter à autoridade civil de Roma (ver Rm 13.1–7), não poderiam participar da adoração idólatra a César. Manter essa linha divisória fez com que parecessem rebeldes sediciosos, provocando a ira de Roma.

Além disso, Esmirna estava inundada pelo paganismo. Eles, fastidiosamente, adoravam todos os deuses alojados no Pagos, e muitos outros. Templos, festivais e rituais pagãos de todo tipo dominavam a vida social da cidade. E os cristãos evitavam tudo isso. Os crentes de Esmirna estavam, em todos os sentidos, fora de sincronia com a cultura. Além disso, eles adoravam um Deus invisível — uma ideia completamente contraintuitiva no mundo antigo, que os levou a receber falsas acusações de ateísmo.

Junto a essas formas de perseguição estava a *pobreza* (Ap 2.9). Os crentes em Esmirna não eram apenas pobres. A palavra grega aqui (*ptocheia*) significa ausência total. Faltavam-lhes não apenas os recursos básicos, mas também os meios para melhorar a sua situação. É possível que muitos na igreja fossem escravos. E quaisquer posses que porventura eles tivessem possuído provavelmente haviam se perdido na perseguição. Eles estavam desamparados e mal sobreviviam com o que conseguiam juntar.

No entanto, Cristo inclui uma nota curiosa entre parênteses: *Conheço as suas aflições e a sua pobreza; mas você é rico...* (Ap 2.9). Compare isso com suas palavras condenatórias à igreja em Laodiceia: *Você diz: Estou rico, adquiri riquezas e não preciso de nada. Não reconhece, porém, que é miserável, digno de compaixão, pobre, cego e que está nu* (Ap 3.17). Os de Laodiceia podiam ter riqueza material, mas no que mais importava — fidelidade, santidade, perseverança e amor a Deus — eles estavam espiritualmente falidos. Por outro lado, os cristãos em Esmirna não tinham nada, mas eram espiritualmente ricos.

A sinagoga de Satanás

Havia outra frente importante de perseguição para os crentes martirizados em Esmirna. Cristo fala sobre ela em Apocalipse 2.9: *Conheço a blasfêmia dos que se dizem judeus, mas não são, sendo antes sinagoga de Satanás*. A comunidade judaica em Esmirna odiava os cristãos. Eles difamavam a igreja, envenenavam a mente da população e incitavam o governo local. Mas por quê? Porque tinham profundo desprezo pelo evangelho de Jesus Cristo e por qualquer pessoa que declarasse que ele era o tão esperado Messias.

Os líderes religiosos de Israel planejavam, incansavelmente, reprimir o progresso do evangelho e silenciar os apóstolos. Lucas registrou muitas dessas tentativas no livro de Atos. Por exemplo, em Atos 4.18, o Sinédrio ordenou que os apóstolos *não falassem nem ensinassem em nome de Jesus. Como os apóstolos continuaram, o sumo sacerdote e todos os seus companheiros, membros do partido dos saduceus, ficaram cheios de inveja. Por isso, mandaram prender os apóstolos, colocando-os numa prisão pública* (At 5.17–18). Atos 13 também registra a reação dos líderes judeus à pregação de Paulo em Antioquia: *Quando os judeus viram a multidão, ficaram cheios de inveja e, blasfemando, contradiziam o que Paulo estava dizendo... Mas os judeus incitaram as mulheres piedosas de elevada posição e os principais da cidade. E, provocando perseguição contra Paulo e Barnabé, os expulsaram do seu território* (At 13.45,50). *Em Icônio, os judeus que se tinham recusado a crer incitaram os gentios e irritaram-lhes os ânimos contra os irmãos. Formou-se uma conspiração de gentios e judeus, juntamente com os seus líderes, para maltratá-los e apedrejá-los. Quando eles souberam disso, fugiram para as cidades licaônicas de Listra e Derbe, e seus arredores* (At 14.2, 5–6). Lucas nos conta que a mesma situação seguiu Paulo e seus companheiros para Listra, onde *alguns judeus chegaram de Antioquia e de Icônio e mudaram o ânimo das multidões. Apedrejaram Paulo e o arrastaram para fora da cidade, pensando que estivesse morto* (At 14.19). Em Tessalônica, *os judeus ficaram com inveja. Reuniram alguns homens perversos dentre os desocupados e, com a multidão, iniciaram um tumulto na cidade* (At 17.5). E esse era o tipo de perseguição traiçoeira que os judeus em Esmirna faziam contra a igreja. Eles estavam tão desesperados para reduzir o crescimento da igreja que chegaram a fazer parceria com os pagãos.

Cristo se refere a eles como a "sinagoga de Satanás." Este é um comentário assustador sobre a apostasia do judaísmo no Novo Testamento. Qualquer que fosse a forma de culto por eles prestada ao único e verdadeiro Deus, não teria valor, pois rejeitavam seu Filho como Messias. Sua religião era tão oposta à verdade de Deus quanto o culto ao imperador e o paganismo que dominava Esmirna, bem como suas sinagogas eram tão espiritualmente vazias quanto os templos espalhados pelo Pagos.

A identificação desses perseguidores como "aqueles que dizem que são judeus, mas não são" não pretendia dizer que eles estavam apenas se disfarçando de judeus. Em vez disso, esse é um eco da declaração de Paulo em Romanos 2.28–29: *Não é judeu quem o é apenas exteriormente, nem é circuncisão a que é meramente exterior e física. Não! Judeu é quem o é interiormente, e circuncisão é a operada no coração, pelo Espírito, e não pela lei escrita. Para estes, o louvor não provém dos homens, mas de Deus.* Por nascimento eles eram judeus, mas espiritualmente eram pagãos blasfemos e inimigos de Deus.

Um legado de perseguição

A carta para a igreja em Esmirna não contém repreensão ou condenação. O Senhor não tinha nada, além de elogios, para essa igreja oprimida. Sua fidelidade permanece como um brilhante exemplo para todas as igrejas, em todos os lugares.

No entanto, a carta traz uma advertência – não de julgamento, mas de aviso, de que mais perseguição viria pela frente. Em Apocalipse 2.10, o Senhor os encoraja: *Não tenha medo do que você está prestes a sofrer. Saibam que o diabo lançará alguns de vocês na prisão para prová-los, e vocês sofrerão perseguição durante dez dias.* Não há registros para nos dizer como essas profecias foram cumpridas na igreja de Esmirna. Não sabemos quem o diabo insuflou para colocá-los na prisão, mas aquele era um destino comum para os crentes daquela cidade. Também não sabemos especificamente o que ocorreu durante os dez dias de provação e tribulação. Alguns sugerem que o Senhor usou linguagem figurativa para indicar períodos mais longos de perseguição, porém não há indicação no texto de que o Senhor esteja se referindo a algo diferente de dez dias, de vinte e quatro horas cada.

O que sabemos é que havia várias formas de perseguição em Esmirna, e que estas duraram décadas e transformaram um dos heróis da igreja primitiva em um dos seus mais famosos mártires. Policarpo era o bispo, ou pastor, da igreja em Esmirna. A tradição diz que sua ordenação à pregação foi realizada pelo próprio apóstolo João — uma afirmação bem plausível, já que ele tinha mais de 80 anos quando foi queimado na fogueira em 156 d.C., ou seja, apenas cinquenta ou sessenta anos depois de João ter escrito o livro de Apocalipse. É possível que ele tenha ministrado fielmente nas igrejas da Ásia Menor, ao lado do apóstolo, antes de seu exílio em Patmos.

O martírio de Policarpo ilustra como a cidade inteira estava alinhada contra a igreja e ansiosa para anunciar seu extermínio. A história registra que Policarpo morreu durante um festival de jogos públicos (sob o domínio de Roma, isso significava execuções públicas). Os judeus e os pagãos se uniram e clamaram por sua cabeça.

Policarpo não tinha interesse egoísta em continuar vivendo. Ele teve um sonho em que viu o travesseiro sob sua cabeça queimar, e estava convencido de que isso era um sinal de que ele seria queimado vivo. No entanto, em deferência à igreja, ele deixou a cidade para ficar com amigos no campo. Seus perseguidores ficaram furiosos quando não conseguiram encontrá-lo. Prenderam, então, duas crianças e as torturaram até que uma delas não resistiu e contou onde Policarpo estava.

A tradição nos diz que nem mesmo os soldados que o prenderam e o levaram de volta para a cidade quiseram vê-lo morrer. Eles imploraram para que ele amaldiçoasse a Deus e dissesse "César é Senhor", ou, então, que oferecesse um simples sacrifício ao imperador, pois assim salvaria sua vida. Somos informados de que a resposta do fiel pastor foi: "Por 86 anos eu o servi, e ele nunca me fez nenhum mal: como então posso blasfemar contra meu Rei e meu Salvador?"[1]

Quando as notícias de sua captura se espalharam pela cidade, a agitação foi tão grande que as multidões pegavam pedaços de madeira, em qualquer lugar que os encontrassem, para colocar na fogueira. Os judeus estavam tão ansiosos para vê-lo morto que foram os que mais

---

[1] Citado em ROBERTS, Alexander, DONALDSON, Sir James (eds.) *The ante-nicene fathers* (Os pais anteriores a Niceia), vol. 10. New York: Scribners, 1905, 1:41.

madeira trouxeram. E, nesse processo, violaram inclusive o sábado! Policarpo, porém, não se mostrou indiferente à ameaça de morte. Ele desafiou a quem o perseguia: "Tu me ameaças com o fogo que arde por uma hora, e logo se extingue, mas és ignorante sobre o fogo do juízo vindouro, e do castigo eterno reservado aos ímpios. Por que te demoras? Faça logo o que queres fazer!"[2]

A tradição nos diz que seus carrascos não o pregaram na estaca, como era o costume. Antes que o fizessem, Policarpo lhes disse: "Deixe-me como estou; pois aquele que me dará força para suportar o fogo, também me permitirá permanecer parado na pilha, sem que me fixes os cravos."[3] Alguns relatos contam que ele parecia tão tranquilo em meio às chamas que alguém o feriu com uma espada para apressar sua morte.

E é assim que era a vida para a igreja em Esmirna. Cada crente da igreja tinha que viver diariamente na ousada proclamação do salmista: *nesse Deus eu confio, e não temerei. Que poderá fazer-me o homem?* (Sl 56.11).

O prêmio da perseverança

A carta de Cristo para a igreja de Esmirna termina com um sentimento similar e uma promessa da bênção vindoura: *Seja fiel até a morte, e eu lhe darei a coroa da vida* (Ap 2.10). Não devemos encarar isso como um ultimato. O Senhor não estava lhes apresentando mais uma dificuldade, além de tudo o que eles já tinham suportado. Pelo contrário, era simplesmente um incentivo para continuarem o que já vinham fazendo fielmente, de forma a também suportarem a feroz oposição articulada contra eles.

Por si sós, os crentes não têm capacidade para manter ou proteger sua fé. Se pudéssemos perder a nossa salvação, certamente o faríamos. Em vez disso, é o Senhor quem nos mantém firmes na fé. Cristo

---

[2] Ibid.
[3] Ibid., p. 42.

repetidamente declarou essa verdade gloriosa aos seus discípulos. *Eu lhes dou a vida eterna, e elas jamais perecerão; ninguém as poderá arrancar da minha mão. Meu Pai, que as deu para mim, é maior do que todos; ninguém as pode arrancar da mão de meu Pai* (Jo 10.28–29). *E esta é a vontade daquele que me enviou: que eu não perca nenhum dos que ele me deu, mas os ressuscite no último dia* (Jo 6.39).

Em sua epístola aos Romanos, Paulo rejeita qualquer preocupação com a segurança de nossa salvação:

> *Sabemos que Deus age em todas as coisas para o bem daqueles que o amam, dos que foram chamados de acordo com o seu propósito. Pois aqueles que de antemão conheceu, também os predestinou para serem conformes à imagem de seu Filho, a fim de que ele seja o primogênito entre muitos irmãos. E aos que predestinou, também chamou; aos que chamou, também justificou; aos que justificou, também glorificou. Que diremos, pois, diante dessas coisas? Se Deus é por nós, quem será contra nós?* (Rm 8.28–31).

As Escrituras são claras: se você é crente, você *perseverará* na fé. Não devido a qualquer força inerente em sua vida. Você não tem essa força em si mesmo. Porém, o próprio Deus *é poderoso para impedi-los de cair e para apresentá-los diante da sua glória sem mácula e com grande alegria* (Jd 24). E ele *segura* firmemente seu povo. *O Senhor me livrará de toda obra maligna e me levará a salvo para o seu Reino celestial. A ele seja a glória para todo o sempre. Amém* (2Tm 4.18). Isso significa que, se você é realmente crente, sua fé permanecerá até o fim. A verdadeira fé é comprovada no fogo da perseguição. Ela sobrevive triunfantemente.

O que isso significa em relação às pessoas que rejeitam a Cristo e se afastam da fé? João respondeu a essa pergunta em sua primeira epístola: *Eles saíram do nosso meio, mas na realidade não eram dos nossos, pois, se fossem dos nossos, teriam permanecido conosco; o fato de terem saído mostra que nenhum deles era dos nossos* (1Jo 2.19).

Nesse sentido, o Senhor não está apenas prometendo aos crentes em Esmirna uma recompensa *por* sua perseverança. A perseverança é a recompensa, pois dá testemunho irrepreensível da genuinidade de sua fé. E aqueles cuja fé é validada por uma vida fiel desfrutarão da coroa da vida eterna com seu Senhor e Salvador.

A carta termina com uma nota reconfortante tanto para os crentes em Esmirna como para um público mais amplo: *Aquele que tem ouvidos ouça o que o Espírito diz às igrejas. O vencedor de modo algum sofrerá a segunda morte* (Ap 2.11). A perseguição pode ter um alto preço aos cristãos. Pode prejudicar seu sustento, roubar suas casas e posses. Pode separar famílias e destruir relacionamentos. Pode custar a liberdade e a saúde. E, em alguns casos, pode até nos custar a vida. Não há garantia alguma de que seremos poupados dessas coisas nesta vida.

No entanto, o Senhor promete que os vencedores — os crentes (ver 1Jo 5.4-5) — não enfrentarão a segunda morte. Podemos ter de suportar a morte física, mas não há ameaça de morte espiritual para aqueles que conhecem e amam o Senhor. Apocalipse 20.12-14 descreve a morte espiritual da qual nós fomos libertos:

> *Vi também os mortos, grandes e pequenos, de pé diante do trono, e livros foram abertos. Outro livro foi aberto, o livro da vida. Os mortos foram julgados de acordo com o que tinham feito, segundo o que estava registrado nos livros.*
>
> *O mar entregou os mortos que nele havia, e a morte e o Hades entregaram os mortos que neles havia; e cada um foi julgado de acordo com o que tinha feito.*
>
> *Então a morte e o Hades foram lançados no lago de fogo. O lago de fogo é a segunda morte.*

Se você realmente ama o Senhor — se a sua fé for confirmada por uma vida de fiel perseverança —, nunca experimentará essas coisas. Se você é crente verdadeiro, com uma fé que vence a perseguição que Satanás pode lançar sobre sua vida até o ponto da primeira morte, nunca experimentará a segunda morte. Em vez disso, Cristo lhe diz: *Eis que venho em breve! A minha recompensa está comigo, e eu retribuirei a cada um de acordo com o que fez. Eu sou o Alfa e o Ômega, o Primeiro e* o Último, o Princípio e o Fim. Felizes os que lavam as suas vestes, para que tenham direito à árvore da vida e possam entrar na cidade pelas portas... (Ap 22.12–14).

Perante o sofrimento e a oposição, precisamos nos lembrar dos limites do poder perseguidor de Satanás e das gloriosas e eternas recompensas que aguardam aqueles que perseveram.

Vale a pena notar que, em grego, *Esmirna* é a mesma palavra grega utilizada na Septuaginta para mirra, uma intensa fragrância usada pelos judeus para disfarçar o odor dos cadáveres. João 19.39–40 nos diz que Nicodemos utilizou aproximadamente 45 quilos de mirra misturada com aloés para envolver o corpo de Cristo no sepultamento. A mirra era preciosa e difícil de encontrar. Era feita a partir da resina de uma árvore pequena e espinhosa. Somente quando estava completamente esmagada, é que produzia sua agradável fragrância. Nesse sentido, o nome da igreja em Esmirna era muito adequado. Deus permitiu que Satanás esmagasse aqueles crentes sob constante perseguição, e a carta de Cristo para eles confirma o aroma celestial de sua fidelidade.

CINCO

A igreja **complacente**: PÉRGAMO

Quando Deus libertou os israelitas do Egito, não os libertou somente da escravidão do faraó; ele os resgatou das influências corruptoras do paganismo do Egito. Os egípcios adoravam uma lista sem fim de divindades, e, durante séculos, os israelitas viveram em estreita proximidade com a loucura daquela idolatria, estando intimamente familiarizados com todos os rituais pagãos.

Com o tempo, o conceito de adoração de Israel foi sendo obscurecido e distorcido. Embora tivessem declarado sua lealdade a Deus ao obedecerem aos seus mandamentos para celebrarem a primeira Páscoa (Êx 12.1–13), eles foram influenciados pelo paganismo politeísta. Mesmo depois de sua saída milagrosa do Egito, pisando em terra firme através do mar Vermelho — além de todos os outros milagres que o Senhor realizou antes de sua partida —, o coração e a mente de Israel ainda estavam presos na armadilha da idolatria. Foi por isso que, quando Moisés não retornou imediatamente do monte Sinai, Arão e os israelitas entraram em pânico e construíram o bezerro de ouro para ser seu novo deus (Êx 32.1–4). Assim é a irracionalidade da idolatria.

Para estabelecer uma lei e um padrão de adoração aceitável, e quebrar as correntes da persistente influência do paganismo entre seu povo, Deus deu a Israel o livro de Levítico. O livro enfatiza inúmeras vezes a necessidade de santidade pessoal e adoração pura. Trata de como lidar com o pecado, como fazer sacrifícios apropriados e como proteger a pureza do povo de Deus. Levítico 18.1–5 é o coração do livro. Nestes versículos, Deus estabelece os mandamentos fundamentais para rejeitar as práticas das nações pagãs vizinhas:

> Disse o Senhor a Moisés: 'Diga o seguinte aos israelitas: Eu sou o Senhor, o Deus de vocês. Não procedam como se procede no Egito, onde vocês moraram, nem como se procede na terra de Canaã, para onde os estou levando. Não sigam as suas práticas. Pratiquem as minhas ordenanças, obedeçam aos meus decretos e sigam-nos. Eu sou o Senhor, o Deus de vocês. Obedeçam aos meus decretos e ordenanças, pois o homem que os praticar viverá por eles. Eu sou o Senhor.'

Isso é Deus reivindicando os seus. Ele está, basicamente, dizendo: "Vocês não são mais idólatras. Vocês são agora o povo do Deus vivo e verdadeiro. Vocês não podem continuar com o padrão das nações pagãs. Vocês devem adorar somente a mim." Os versículos seguintes mostram proibições específicas contra a imoralidade que constituía grande parte do culto pagão. É uma lista chocante de comportamentos distorcidos: adultério, homossexualidade, incesto, bestialidade e sacrifício de crianças. Essas perversões eram cotidianas no Egito, em Canaã e em todas as outras culturas dominadas pelo paganismo.

O Senhor, então, declara seu mandamento anterior: *Não se contaminem com nenhuma dessas coisas, porque assim se contaminaram as nações que vou expulsar da presença de vocês... Obedeçam aos meus preceitos, e não pratiquem os costumes repugnantes praticados antes de vocês, nem se contaminem com eles. Eu sou o Senhor, o Deus de vocês* (Lv 18.24, 30). Sua exortação continua no capítulo 19: *Disse ainda o Senhor a Moisés: 'Diga o seguinte a toda comunidade de Israel: Sejam santos porque eu, o Senhor, o Deus de vocês, sou santo. Não se voltem para os ídolos, nem façam para si deuses de metal. Eu sou o Senhor, o Deus de vocês...'* (v. 1–2,4).

Este é um chamado para a separação espiritual, para sermos totalmente diferentes e separados da maldade do sistema do mundo. O Senhor exige adoração pura. Ele exige devoção sincera. Deus ordenou que Israel se separasse das influências corruptoras do mundo. E ele deseja a mesma separação para a sua igreja.

Uma igreja amigável ao pecador

O termo *mundanismo* parece arcaico para muitos na igreja de hoje. Eles o relacionam a um tempo em que jogos de cartas e bailes eram considerados grandes ameaças à santidade e pureza da igreja. De fato, alguns crentes estão tão enamorados por sua liberdade em Cristo, que enxergam qualquer discussão sobre mundanismo como uma imposição legalista desgastada. Apesar da clara declaração bíblica de que *a amizade com o mundo é inimizade com Deus* e de que *quem quer ser amigo do mundo faz-se inimigo de Deus* (Tg 4.4), a sugestão de que os cristãos devem separar-se dos valores mundanos e das diversões mundanas é recebida rapidamente com um "NÃO" maiúsculo.

Em vez disso, a igreja hoje trabalha para parecer o máximo possível com a cultura. Por décadas, tem sido moda líderes de igreja fazerem seus cultos exatamente com aparência, sons e sensações de eventos seculares. Muitas igrejas hoje são praticamente iguais a casas de *show* e auditórios mundanos. Elas imitam, de forma até enfadonha, os mais recentes estilos da moda, as tendências da cultura *pop*, e dramaticamente tentam parecer relevantes e descoladas.

Tais eventos são construídos sobre uma filosofia pragmática: se produzirem o efeito desejado, devem ser utilizados. O resultado é uma igreja amiga dos pecadores e não de Deus, e que, certamente, não causa espanto aos pecadores. É um espetáculo construído à imagem do mundo pagão, em que a metodologia e a estratégia popular sobrepujam as Escrituras, a doutrina e o poder espiritual. E, à medida que o mundo se torna cada vez mais hostil ao evangelho, a igreja amiga do pecador precisa se comprometer cada vez mais com o mundo, para continuar a exercer sua atração. Recusando-se a contrariar quem quer que seja, enfatiza a emoção física, não a adoração espiritual; a sensação, não a convicção; o sentimentalismo, não a teologia; o entretenimento, não a edificação; e a frivolidade, não a solenidade.

Pior ainda, temerosos de serem rejeitados e perseguidos, sempre estarão alinhados com as expectativas do mundo e com as normas sociais em constante mudança. Muitas igrejas hoje fecham os olhos para a imoralidade sexual; outras não falam *em hipótese alguma* sobre o pecado. Elas ignoram o assunto mesmo que, ocasionalmente, se concentrem nas questões problemáticas da vida, mas nunca declarando o poder, a presença e os danos destrutivos do pecado, nem o caracterizando como uma ofensa à santidade de Deus, o que, certamente, requer julgamento. É uma cultura terapêutica, projetada para fazer com que os pecadores se sintam à vontade, bem-vindos e, a qualquer custo, aprovados.

No entanto, o mundanismo não faz o evangelho parecer atraente; pelo contrário, faz com que pareça impotente. Essas igrejas precisam entender o grave desserviço e prejuízo que estão gerando para a causa de Cristo e o progresso do evangelho. Uma igreja que é como o mundo não tem nada a oferecer a ele — e, o pior, torna-se apenas mais um entretenimento descartável. Como são capazes de acreditar que esse mundanismo pode ser oferecido a Deus como adoração?

As Escrituras nos mostram que esse não é um fenômeno atual. Nosso Senhor disse:

> *Se o mundo os odeia, tenham em mente que antes odiou a mim. Se vocês pertencessem ao mundo, ele os amaria como se fossem dele. Todavia, vocês não são do mundo, mas eu os escolhi, tirando-os do mundo; por isso o mundo os odeia. Lembrem-se das palavras que eu lhes disse: nenhum escravo é maior do que o seu senhor. Se me perseguiram, também perseguirão vocês. Se obedeceram à minha palavra, também obedecerão à de vocês...* (Jo 15.18–20).

Quando o evangelho é fielmente proclamado, o ódio do mundo se manifesta.

Desde os primeiros dias da igreja, os crentes cederam sob pressão para acomodar o mundo. A carta de Cristo à igreja de Pérgamo, no Apocalipse, estabelece os graves perigos dessa concessão.

Uma igreja na mira

Pérgamo era a capital da Ásia Menor, situada cerca de 160 quilômetros ao norte de Éfeso. Não era uma cidade portuária nem estava ao longo das principais rotas comerciais. Em vez disso, era um centro de cultura, educação e religião. A característica mais notável da cidade era sua impressionante biblioteca. Com 200 mil volumes — todos manuscritos — perdia apenas para a biblioteca de Alexandria. A tradição diz que o uso de pergaminhos de pele animal foi desenvolvido em Pérgamo para acompanhar a demanda do material de escrita. A vasta coleção acabou sendo enviada como um presente de Marco Antonio para Cleópatra.

Pérgamo estava situada em uma grande colina, cerca de 300 metros acima das planícies. O arqueólogo do século 19, Sir William Ramsey, descreveu sua posição de destaque: "Além de todos os outros locais na Ásia Menor, Pérgamo dá ao viajante a impressão de uma cidade real, de autoridade: a colina rochosa em que se encontra é imensa e ela domina a ampla planície do Vale do Rio Caicus, orgulhosa e ousada."[1] Você pode visitar as ruínas de Pérgamo hoje, perto da cidade turca de Bergama.

As Escrituras não nos dizem quando a igreja em Pérgamo foi fundada. Talvez tenha sido durante a segunda viagem missionária de Paulo, quando ele passou pela região vizinha de Mísia (At 16.7–8). Porém, o mais provável é que sua fundação tenha ocorrido durante seu ministério em Éfeso, quando, de lá, o evangelho se espalhou rapidamente por toda a Ásia Menor (At 19.10).

Nos dias do apóstolo João, a cidade de Pérgamo se considerava defensora da cultura grega na Ásia Menor. Havia templos dedicados a Zeus, Atenas, Esculápio e Dionísio. No entanto, a cidade era dominada pela adoração ao imperador. Em honra do imperador Augusto, Pérgamo construiu o primeiro templo dedicado ao culto à religião em 29 a.C. Mais dois se seguiriam, para Trajano e Sétimo Severo. Pérgamo

---

[1] RAMSEY, William M. *The letters to the seven churches of Asia* (As Cartas às Sete Igrejas da Ásia). London: Hodder e Stoughton, 1906, p. 281.

era fervorosamente devota a Roma e a seu imperador. Nas cidades vizinhas, os cristãos enfrentariam perigo e perseguição se não fizessem o sacrifício anual a César. E isso era uma ameaça diária em Pérgamo.

Embora a igreja em Pérgamo estivesse sempre sob a ameaça do mundo, estava em perigo ainda maior no que dizia respeito ao Senhor. Ao contrário das cartas a Éfeso e Esmirna, a carta de Cristo a Pérgamo começava com uma ameaça. O Senhor se identifica: *Estas são as palavras daquele que tem a espada afiada de dois gumes* (Ap 2.12). Esta saudação não é nem um pouco confortadora. É um aviso urgente, destinado a evocar o mesmo terror inspirado no apóstolo João em sua visão inicial (1.17). Cristo está vindo em juízo, empunhando sua Palavra como uma poderosa espada — uma espada afiada (ver Hb 4.12). Mais tarde, em Apocalipse, João nos diz que é assim que o mundo impenitente verá Cristo quando ele vier em seu julgamento final: *De sua boca sai uma espada afiada, com a qual ferirá as nações. 'Ele as governará com cetro de ferro.' Ele pisa o lagar do vinho do furor da ira do Deus Todo-poderoso* (Ap 19.15). Esse é o mesmo Senhor que está escrevendo para a igreja de Pérgamo.

No entanto, ele fez uma recomendação. Embora a igreja de Pérgamo fosse culpada de comprometer-se com o mundo, ainda havia ali crentes fiéis. O Senhor diz: *Sei onde você vive, onde está o trono de Satanás. Contudo, você permanece fiel ao meu nome e não renunciou à sua fé em mim, nem mesmo quando Antipas, minha fiel testemunha, foi morto nessa cidade, onde Satanás habita* (Ap 2.13).

Historiadores e comentaristas oferecem algumas sugestões sobre a que o Senhor poderia estar se referindo ao usar a expressão "o trono de Satanás." Pérgamo era o lar de um enorme altar a Zeus, o deus da guerra. A enorme estrutura dominava a acrópole da cidade. Descrevendo sua escala maciça, Edwin Yamauchi registra: "A palavra *altar* é incorreta. A estrutura era um pátio monumental com colunas em forma de ferradura, medindo 36 por 34 metros. O pódio do altar tinha quase 5,5 metros de altura. O enorme friso, que ficava na base da estrutura de 136 metros, mostrava uma gigantomaquia, isto é, uma batalha dos deuses e dos gigantes. Foi uma das maiores obras da arte helênica."[2] Certamente, um grande monumento a Zeus — mas, na realidade, dedicado ao diabo — e talvez por isso, remetendo ao trono de Satanás.

Outros acreditam que é uma referência ao santuário de Esculápio, o deus grego da cura, que foi retratado como uma cobra. O templo em sua honra foi invadido por cobras não venenosas que supostamente transmitiam seu poder de cura. Os peregrinos viajavam de toda a região para adorar no templo, o que implicava deitar ou dormir no chão entre as cobras. Visto que Satanás é repetidamente descrito como uma serpente nas visões de João (Ap 12.9, 14, 15; 20.2), isso poderia ter sido um exemplo inicial dessa representação.

Também poderia ser uma referência ao culto principal ao imperador, que era a influência religiosa mais poderosa da cidade e representava a maior oposição aos cristãos. A simples recusa a repetir a frase "César é Senhor" poderia levar à morte. A exclusividade do evangelho fez dos cristãos um alvo para os suplicantes mais exigentes de Roma. O "trono de Satanás" pode, simplesmente, estar se referindo ao verdadeiro poder por trás do culto a César.

Qualquer um ou todos esses aspectos do paganismo de Pérgamo poderiam justificar a referência ao trono de Satanás. E a multiplicidade de locais potenciais dá crédito adicional à afirmação de Cristo de que Pérgamo era a cidade onde Satanás habitava. Nesse sentido, também poderia ser uma referência mais abrangente à preeminência de Satanás em toda a cidade em suas várias formas de idolatria pagã. Os habitantes de Pérgamo achavam que adoravam vários deuses e deusas. Mas nós sabemos que eles estavam apenas adorando o diabo. Como o apóstolo Paulo escreveu: *as coisas que os gentios sacrificam, as sacrificam aos demônios, e não a Deus* (1Co 10.20).

Apesar da religião satânica que dominava a cidade, o Senhor observa que os crentes em Pérgamo permaneceram fiéis: *você permanece fiel ao*

---

[2] YAMAUCHI, Edwin. *New Testament cities in western Asia Minor* (Cidades do Novo Testamento na Ásia Ocidental Menor). Grand Rapids: Baker, 1980, p. 35-36.

meu nome e não renunciou à sua fé em mim, nem mesmo quando Antipas, minha fiel testemunha, foi morto nessa cidade, onde Satanás habita (Ap 2.13). Eles se apegaram ao Salvador. Como João, que foi exilado *por causa da palavra de Deus e do testemunho de Jesus* (Ap 1.9), a igreja em Pérgamo nunca vacilou em seu compromisso com Cristo. Eles se recusaram a negar a fé.

Um firme compromisso com o evangelho custava caro no antigo mundo pagão. Os "dias de Antipas" referem-se a um período de feroz perseguição atravessado pela igreja. As Escrituras não dizem mais nada sobre Antipas, mas o nome dele era muito familiar aos crentes de Pérgamo. A palavra traduzida como "testemunha" (*martus*) tornou-se sinônimo de cristãos cujo testemunho de Cristo lhes custou a vida, dando-nos a palavra transliterada *mártir*. A tradição sustenta que Antipas foi um líder da igreja que terminou queimado até a morte dentro de um touro de latão durante a campanha de perseguição de Domiciano. Independentemente de como Antipas tenha sido executado, Cristo destaca e recomenda sua fidelidade exemplar até a morte.

É interessante observar os pronomes possessivos que o Senhor emprega ao longo de Apocalipse 2.13: "você permanece fiel ao *meu* nome e não renunciou à sua fé *em mim*, nem mesmo quando Antipas, *minha* fiel testemunha..." (grifo do autor). Cristo tem uma reivindicação sobre essa igreja; ela pertence a ele. E isso enfatiza ainda mais o seu grave pecado: a complacência.

Amizade com o mundo

Após essa breve palavra de louvor, a carta volta ao julgamento: *No entanto, tenho contra você algumas coisas: você tem aí pessoas que se apegam aos ensinos de Balaão, que ensinou Balaque a armar ciladas contra os israelitas, induzindo-os a comer alimentos sacrificados a ídolos e a praticar imoralidade sexual. De igual modo você tem também os que se apegam aos ensinos dos nicolaítas* (Ap 2.14, 15).

Apesar da fidelidade da igreja ao evangelho, alguns abraçavam a idolatria. É importante lembrar que, no mundo antigo, não havia distinção entre o sagrado e o secular. A religião não era uma parte isolada da vida; ela definia o rumo da cultura. Praticamente todos os aspectos da sociedade estavam entrelaçados com rituais do templo, festivais e celebrações. Assim como Israel no pós-êxodo voltou à idolatria, alguns na igreja de Pérgamo estavam retornando aos hábitos do paganismo. E encorajavam outros na igreja a fazerem o mesmo.

Como sabemos disso? O Senhor destaca aquelas *pessoas que se apegam aos ensinos de Balaão, que ensinou Balaque a armar ciladas contra os israelitas* (v. 14). Esta é uma referência a Números 22–25 e ao conflito de Israel com Moabe. Balaque era rei de Moabe. Ele ouvira falar da milagrosa libertação de Israel do Egito. As Escrituras nos dizem que ele *viu tudo o que Israel tinha feito aos amorreus... e Moabe teve pavor dos israelitas* (Nm 22.2–3). Balaque havia ouvido falar a respeito do Deus dos israelitas e tinha medo do que seus novos vizinhos pudessem fazer a ele e à sua nação.

Então, Balaque mandou chamar e contratou Balaão, um conhecido "profeta de aluguel" e suposto feiticeiro, para amaldiçoar Israel. Balaão fez três tentativas para amaldiçoar Israel, mas o Senhor o impediu. Cada vez que ele abria a boca para amaldiçoar, saíam bênçãos! Então, Balaão desenvolveu outra estratégia: já que ele não conseguia amaldiçoar Israel, ele os *corromperia*. O texto em Números 25.1,2 diz: *Enquanto Israel estava em Sitim, o povo começou a entregar-se à imoralidade sexual com mulheres moabitas, que os convidavam aos sacrifícios de seus deuses. O povo comia e se prostrava perante esses deuses* (ver também 31.16). Balaão persuadiu as mulheres de Moabe a se casarem com os homens de Israel, arrastando-os assim para aquela cultura imoral e idólatra. Eles voltaram a comer alimentos sacrificados aos ídolos, e regressaram à perversa imoralidade sexual da idolatria. Além disso, retornaram ao paganismo do qual haviam fugido do Egito e, resumindo, foram seduzidos a uma união blasfema com Satanás. *Israel se juntou à adoração de Baal-Peor. E a ira do Senhor acendeu-se contra Israel* (Nm 25.3). Esta foi uma traição espiritual severa e generalizada. O castigo do Senhor incluiu o massacre de 24 mil homens de Israel (Nm 25.9).

Esse foi o "ensinamento de Balaão" que alguns na igreja de Pérgamo abraçaram — e eles estavam lançando essa mesma pedra de tropeço sedutora aos crentes de lá. O Senhor havia libertado esses homens e mulheres da vil corrupção da idolatria pagã. Agora, outros da própria igreja os convidavam a voltar aos seus velhos hábitos imorais. Sem dúvida, alguns na igreja de Pérgamo estavam sucumbindo ao "canto das sereias" da cultura de Satanás. Na prática, isso significava que alguns membros estavam participando de festas pagãs e da devassidão perversa, mas continuavam indo à igreja. Em sua segunda epístola, Pedro faz uma condenação contundente contra aqueles que *seguem os desejos impuros da carne* (2Pe 2.10) e tentam atrair os crentes a uma iniquidade semelhante. Pedro escreve mais:

> *Eles receberão retribuição pela injustiça que causaram. Consideram prazer entregar-se à devassidão em plena luz do dia. São nódoas e manchas, regalando-se em seus prazeres, quando participam das festas de vocês. Tendo os olhos cheios de adultério, nunca param de pecar, iludem os instáveis e têm o coração exercitado na ganância. Malditos! Eles abandonaram o caminho reto e se desviaram, seguindo o caminho de Balaão, filho de Beor, que amou o salário da injustiça* (2Pe 2.13–15).

Esses corruptores de fiéis se alegravam por enganar e atrair os crentes de volta à escravidão do pecado.

Essa, porém, não foi a única influência corruptora na igreja de Pérgamo. O Senhor também observa: *De igual modo você tem também os que se apegam aos ensinos dos nicolaítas* (Ap 2.15). Como já mencionado, não sabemos especificamente o que os nicolaítas ensinavam. Alguns dos pais da igreja primitiva achavam que eles viviam uma vida de indulgência descontrolada, provavelmente ligada à imoralidade do paganismo. Isso os tornaria companheiros adequados para os seguidores de Balaão e uma ameaça consistente à pureza dos crentes em Pérgamo. Quaisquer que fossem suas heresias específicas, sabemos que o Senhor odiava seus atos (Ap 2.6), bem como sua presença e influência na igreja de Pérgamo.

A IGREJA COMPLACENTE: PÉRGAMO

Mas o pior de tudo era o fato de esses hereges e enganadores desprezíveis terem sido autorizados a permanecerem na igreja, sem disciplina e sem correção. Cristo escreve que entre os crentes de Pérgamo havia pessoas com essas características (Ap 2.14,15). Se por um lado a igreja se firmava em o nome de Cristo e não negava a sua fé, por outro também fazia um péssimo trabalho ao guardar o rebanho de Deus. Eles se sentavam e assistiam enquanto os lobos roubavam as ovelhas.

Dito de outra forma, a igreja em Pérgamo estava vivendo o absurdo pecaminoso da advertência de Paulo aos coríntios:

> *Não se ponham em jugo desigual com descrentes. Pois o que têm em comum a justiça e a maldade? Ou que comunhão pode ter a luz com as trevas? Que harmonia entre Cristo e Belial? Que há de comum entre o crente e o descrente? Que acordo há entre o templo de Deus e os ídolos? Pois somos santuário do Deus vivo. Como disse Deus: 'Habitarei com eles e entre eles andarei; serei o seu Deus, e eles serão o meu povo.' Portanto, 'saiam do meio deles e separem-se,' diz o Senhor. 'Não toquem em coisas impuras, e eu os receberei'* (2Co 6.14-17).

Pérgamo não conseguiu se separar completamente do mundo incrédulo; então, acabou se tornando complacente. Como vimos, eles mantinham fielmente a linha da doutrina, mas não quando se tratava de santidade. Eles deveriam ter atendido à exortação do apóstolo Tiago, escrita para "sacudir" os descuidados membros da igreja de seu sono apático: *Adúlteros, vocês não sabem que a amizade com o mundo é inimizade com Deus? Quem quer ser amigo do mundo faz-se inimigo de Deus* (Tg 4.4). A amizade de Pérgamo com o mundo estava custando muito caro, à medida que os preciosos crentes retornavam aos hábitos de suas vidas anteriores.

Essa característica é muito séria e cada vez mais comum em muitas igrejas de hoje. Não são muitos os crentes que vivem como "estrangeiros e peregrinos" neste mundo. Como resultado, não conseguem se abster *dos desejos carnais que guerreiam contra a alma* (1Pe 2.11). Precisamos nos lembrar de que a igreja é chamada a cortar quaisquer amarras que este mundo e seus valores ainda tenham em nosso coração. Precisamos lutar diariamente para quebrar os hábitos passados, disciplinando-nos a odiar os pecados outrora estimados. João já havia dado à igreja exatamente essa admoestação em sua primeira epístola:

> Não ame o mundo nem as coisas do mundo. Se alguém ama o mundo, o amor do Pai não está nele. Porque tudo o que há no mundo, a concupiscência da carne, a concupiscência dos olhos e o orgulho prepotente da vida, não vem do Pai, mas vem do mundo. O mundo está passando e também suas luxúrias; mas aquele que faz a vontade de Deus vive para sempre. (1Jo 2.15–17)

Ao olharmos para muitas das igrejas atuais, não fazemos a leitura de que o mundo esteja passando, como diz esse versículo. Elas são consumidas pela cultura, ignorando as influências corruptoras que rotineiramente as convidam ao convívio; ou, então, estão indiferentes à ameaça que essa cultura representa. Inúmeras igrejas — incluindo muitas das maiores e mais influentes megaigrejas evangélicas — estão encantadas com mensagens temáticas que não são baseadas nas Escrituras, mas em vários ícones do entretenimento mundano: filmes populares, séries de televisão, canções de sucesso ou até mesmo as celebridades que os popularizaram. Existe até uma entrada na Wikipédia explicando o termo U2charist (U2caristia), "um culto de comunhão, ou eucaristia, acompanhado de canções do U2 em vez de hinos tradicionais."[3] Uma igreja popular – segundo a maioria dos relatos, a terceira maior igreja evangélica dos Estados Unidos, com mais de 30 mil membros – dedica um mês de cada verão a uma série chamada *At the movies* ("No cinema"). A música, a mensagem e a decoração são cuidadosamente coordenadas para apresentar temas e mensagens extraídas dos filmes de sucesso de Hollywood que tenham escolhido destacar.[4] Há alguns anos, uma

---

[3] *U2charist*, Wikipedia, disponível em: <https://en.wikipedia.org/wiki/U2charist>.
[4] LIFE.CHURCH, *At the movies* (Nos Filmes). Disponível em: <https://www.life.church/watch/at-the-movies/>.

megaigreja influente iniciou seu culto de Páscoa com uma versão do hino do rock "Highway to Hell" ("Estrada para o inferno"), do AC / DC.[5]. Há vários exemplos semelhantes aos que existem no YouTube e outros fóruns e *sites* na internet, nos quais os líderes discutem a metodologia de crescimento de suas igrejas.

O meio realmente se tornou a mensagem. Vivemos em um tempo tal qual o apóstolo Paulo predisse: *Pois virá o tempo em que não suportarão a sã doutrina; pelo contrário, sentindo coceira nos ouvidos, segundo os seus próprios desejos juntarão mestres para si mesmos. Eles se recusarão a dar ouvidos à verdade, voltando-se para os mitos* (2Tm 4.3, 4).

Assim como Pérgamo, a familiaridade da igreja moderna com o mundo a deixou aberta às concessões que corrompem. E, assim como Pérgamo, essa situação coloca a igreja no caminho do julgamento que será presidido pelo próprio Senhor.

Inimizade com Deus

O Senhor mostra a solução para a complacência espiritual de Pérgamo em termos inequívocos: *Portanto, arrependa-se! Se não, virei em breve até você e lutarei contra eles com a espada da minha boca* (Ap 2.16). Em resumo, ele está dizendo: "Pare com as concessões mundanas. Pare de tolerar o jugo desigual. Purifique a igreja dessas influências ímpias e imorais, ou eu farei isso por você." Essa ordem se aplica a toda igreja — tanto aos corruptores heréticos quanto àqueles que toleraram seus desvios. Todos eram culpados dessa complacência.

A igreja não deve acolher os pecados dos crentes professos que insistem em viver perto demais da cultura corrupta. *Um pouco de fermento faz toda a massa ficar fermentada* (1Co 5.6). Devemos confrontar

---

[5]WEBER, Katherine *Perry Noble no regret over playing AC/DC 'Highway to hell' for easter service: 'I'd do it again — But better!'* ("Perry Noble não se arrepende por executar *Highway to hell* de AC / DC no culto de Páscoa: 'Eu faria de novo — mas melhor!'"). *The christian post* (March 25, 2016). Disponível em: <https://www.christianpost.com/news/perry-noble-megachurch-ac-dc-highway-to-hell-easter-160107/>.

esse tipo de mundanismo (um termo praticamente ausente do vocabulário da igreja hoje em dia).

E devemos estar dispostos a arriscar ofender os incrédulos pelo bem da pureza da igreja. É claro que queremos alcançar os incrédulos perdidos e recebê-los muito bem para comunicar-lhes o evangelho. Esperamos sinceramente que *Deus lhes conceda o arrependimento, levando-os ao conhecimento da verdade* (2Tm 2.25). Mas também sabemos que isso só ocorrerá quando eles voltarem à sobriedade e escaparem da armadilha do diabo (v. 26) — e não quando forem envolvidos em uma falsa sensação de aceitação por uma igreja condescendente. Para o bem de suas almas, devemos estar dispostos a confrontá-los com a verdade sobre o pecado, suas consequências eternas e sua necessidade de um salvador.

Pérgamo também deveria ser um aviso para toda igreja, e para todo cristão que crê que a sã doutrina é suficiente por si mesma e que Deus está interessado apenas no que falamos, não em como agimos. Essa atitude cresceu em popularidade nos últimos anos. Pérgamo é um lembrete de que, tanto quanto *conhecer* a verdade, é importante *viver* a verdade! Ambos são igualmente importantes aos olhos do Senhor. *Sejam praticantes da palavra, e não apenas ouvintes, enganando-se a si mesmos* (Tg 1.22).

Finalmente, devemos nos lembrar das palavras de Levítico 18: *Eu sou o Senhor, o Deus de vocês. Não procedam como se procede no Egito... Não sigam as suas práticas. Pratiquem as minhas ordenanças, obedeçam aos meus decretos e sigam-nos. Eu sou o Senhor, o Deus de vocês. Obedeçam aos meus decretos e ordenanças, pois o homem que os praticar viverá por eles. Eu sou o Senhor* (Lv 18.2–5). O desígnio de Deus para seu povo redimido é uma completa separação de tudo o que caracteriza o mundo. Nós não fazemos o que eles fazem. Nós não pensamos da maneira que eles pensam. Nós não falamos como eles falam. Nós não compartilhamos os valores do mundo. E certamente não precisamos nos apropriar do sistema mundano de crenças. *A nossa cidadania, porém, está nos céus* (Fp 3.20). Este mundo é, por definição, um ambiente estranho para aqueles cujo lar eterno é o céu.

Uma despedida encorajadora

O Senhor encerra sua carta novamente com uma nota ao público mais amplo. Embora cada uma dessas cartas seja endereçada especificamente a uma congregação local ao final do primeiro século, a mensagem do nosso Senhor tem implicações que vão muito além das sete igrejas locais. Todas as sete cartas de Cristo falam a toda a igreja durante toda a história. Devemos aprender com esses exemplos, bons e ruins. No entanto, também devemos sair encorajados, com os olhos fixos nos eternos privilégios de conhecer e amar Cristo. Para esse fim, o Senhor escreve: *Aquele que tem ouvidos ouça o que o Espírito diz às igrejas. Ao vencedor darei do maná escondido. Também lhe darei uma pedra branca com um novo nome nela inscrito, conhecido apenas por aquele que o recebe* (Ap 2.17).

A todos os crentes fiéis (ver 1Jo 5.4–5), Cristo promete três coisas: a primeira é o maná escondido (Ap 2.17). Maná era o pão que Deus fornecia aos israelitas para alimentá-los durante sua peregrinação no deserto. E, como muitos elementos da aliança de Israel com Deus, o maná representava algo maior, algo eterno e celestial. Especificamente, o maná era um dos grandes símbolos de Cristo, no Antigo Testamento (Jo 6.48–51). Ele é o Pão da Vida que fornece sustento espiritual ao seu povo. Então, quando ele promete aos crentes fiéis que lhes dará do maná escondido, esta é uma promessa dos benefícios espirituais de conhecer e amar Cristo (Ef 1.3).

Cristo também promete aos seus vencedores uma *pedra branca* (Ap 2.17). No mundo antigo, os atletas vitoriosos recebiam um troféu na forma de uma pedra com seus nomes inscritos. Não apenas significava sua vitória, mas também servia como admissão no grande banquete dos vitoriosos. Em termos de eternidade, este é um lembrete de que o servo fiel de Deus será bem-vindo às mansões majestosas e às bênçãos de Deus no céu.

Finalmente, Cristo promete: *Também lhe darei uma pedra branca com um novo nome nela inscrito, conhecido apenas por aquele que o recebe* (Ap 2.17). Sempre que prego sobre essa passagem, alguém invariavelmente pergunta qual é a minha opinião sobre esse nome secreto. A questão toda é que realmente "*ninguém* sabe." Creio, porém, que deva ser uma palavra de afeto e de honra — algo que identifique os vencedores triunfantes de Deus e reflita seu amor por seus filhos adotivos.

SEIS

A igreja **corrupta**: TIATIRA

Uma das primeiras menções sobre a "igreja" no Novo Testamento vem dos lábios de Cristo em Mateus 18. E sua primeira mensagem a ela é para lidar com o pecado da assembleia. Assim como suas palavras de despedida para as igrejas em Apocalipse capítulos 2 e 3, as instruções de Cristo à sua igreja estão totalmente relacionadas com a santidade e a saúde espiritual da própria igreja. Ele não emitiu um manifesto instruindo seu povo a envolver-se ou a resgatar a cultura secular. Ele não apresentou uma estratégia para avaliar e abordar as necessidades sentidas na comunidade, acabar com a desigualdade cultural ou reduzir a taxa de pobreza. Ele não apresentou um plano para maximizar a influência política ou moral da igreja. Ele não enfatizou a necessidade de tolerância, validação, espaços espirituais seguros ou qualquer um dos outros pontos de discussão evangélicos atualmente tão em moda. Em vez disso, sua preocupação era pela *pureza* da igreja. Ele queria que seu povo soubesse como confrontar e lidar com o pecado.

> *Se o seu irmão pecar contra você, vá e, a sós com ele, mostre-lhe o erro. Se ele o ouvir, você ganhou seu irmão. Mas se ele não o ouvir, leve consigo mais um ou dois outros, de modo que 'qualquer acusação seja confirmada pelo depoimento de duas ou três testemunhas'. Se ele se recusar a ouvi-los, conte à igreja; e se ele se recusar a ouvir também a igreja, trate-o como pagão ou publicano* (Mt 18.15–17).

Esse mandamento inequívoco para confrontar o pecado na igreja é, simplesmente, um contrassenso para a igreja atual, moderna, contemporânea. Muitos pensam: "Quem sou eu para dizer a outra pessoa como viver? Por que devemos expor o pecado das pessoas ou excluí-las da igreja? Não devemos apenas amá-las e deixar o Espírito fazer o seu trabalho?" Inacreditavelmente, muitas igrejas hoje ignoram, *orgulhosamente*, o pecado em seu meio em nome da tolerância, da unidade e do amor — provando apenas que não têm verdadeira compreensão do que significa o ensinamento bíblico a respeito da unidade e do amor. Surpreendentemente, ignorar o pecado e praticar a tolerância tornou-se uma estratégia básica para o crescimento da igreja. Isso desafia diretamente as ordens do Senhor.

O apóstolo Paulo repreendeu severamente os coríntios por essa mesma atitude em 1Coríntios 5. Um homem da congregação estava se entregando abertamente a um pecado incestuoso tão notório que até os gentios da comunidade estavam chocados. *Imoralidade... a ponto de alguém de vocês possuir a mulher de seu pai* (1Co 5.1). Em vez de excomungar o homem, eles se gabavam de sua tolerância, como se fosse uma atitude honrada permitir que tal pessoa mantivesse comunhão com a comunidade. Paulo lhes disse: *E vocês estão orgulhosos! Não deviam, porém, estar cheios de tristeza e expulsar da comunhão aquele que fez isso?... O orgulho de vocês não é bom. Vocês não sabem que um pouco de fermento faz toda a massa ficar fermentada?* (1Co 5.2, 6). Não só o testemunho de toda a igreja foi abalado pelo pecado aberto daquele homem, mas o próprio pecado foi crescendo na igreja como fermento. Tal maldade, quando tolerada, se espalha e envenena toda a comunidade. Os efeitos desse princípio já estavam claramente evidentes na comunidade de Corinto.

As instruções do apóstolo eram diretas e urgentes: *vocês... não devem associar-se com qualquer que, dizendo-se irmão, seja imoral, avarento, idólatra, caluniador, alcoólatra ou ladrão. Com tais pessoas vocês nem devem comer. Expulsem esse perverso do meio de vocês* (1Co 5.11, 13b).

A IGREJA CORRUPTA: TIATIRA

O pecado se espalha como fermento, mas a pureza e a santidade não. Elas devem ser diligentemente cultivadas e cuidadas. Há muitos na igreja hoje que parecem estar trabalhando sob a noção bizarra de que uma quantidade "aceitável" de pecado na igreja é uma estratégia evangelística. Eles fingem que a visão de injustiça e de corrupção do Senhor é tão casual quanto a deles. Os crentes devem defender a pureza da igreja acima de todas as outras preocupações, independentemente de como isso possa ofender a observação dos pecadores.

Em Efésios 5.25–27, Paulo descreve o amor do Senhor por sua igreja e a preocupação permanente por sua pureza. Ele diz que *Cristo amou a igreja e entregou-se a si mesmo por ela para santificá-la, tendo-a purificado pelo lavar da água mediante a palavra, e apresentá-la a si mesmo como igreja gloriosa, sem mancha nem ruga ou coisa semelhante, mas santa e inculpável.* Nossas prioridades para a igreja precisam refletir as prioridades do Senhor. Precisamos valorizar a pureza como ele o faz.

Considere as maneiras pelas quais negligenciar e ignorar o pecado restringe o trabalho do povo de Deus. Ele chamou a igreja para ser a representante do céu na terra. A igreja é o lugar onde Deus deve ser honrado e glorificado, onde a justiça é exaltada e a santidade buscada. De fato, o povo de Deus é chamado a refletir sua santidade para testemunhar ao mundo impenitente (Mt 5.16). No entanto, não há como agir assim se tolerarmos o pecado em nosso meio.

Apesar das nítidas instruções das Escrituras, muitas igrejas que assumem a sã doutrina deixam de declarar e proteger a santidade. A carta de Cristo para a igreja em Tiatira ilustra as consequências fatais de não preservar a pureza da igreja de Deus.

Construído para a destruição

Tiatira, a menor das cidades mencionadas em Apocalipse 2 e 3, ficava cerca de 65 quilômetros a sudeste de Pérgamo, ao longo da estrada principal que ia de norte ao sul da região. Embora estivesse em um vale fluvial plano e sem fortificações naturais, foi originalmente fundada como uma guarnição militar na estrada principal para Pérgamo. O plano era que qualquer ataque direcionado a Pérgamo fosse retardado pelos soldados em Tiatira, ganhando assim um tempo precioso para que Pérgamo pudesse preparar sua própria defesa. Como capital da região, Pérgamo certamente seria o alvo das forças invasoras; Tiatira era apenas uma "lombada" no caminho para retardar a chegada do inimigo. Portanto, Tiatira foi várias vezes destruída e reconstruída ao longo de sua história. Podemos tomar conhecimento dos detalhes de suas invasões nos poucos casos em que a cidade é citada pela literatura antiga.

O cenário mudou para Tiatira depois que ela se tornou possessão romana. A paz relativa oferecida pelo Império Romano poupou a cidade dos constantes ataques e da destruição. E sua localização, ao longo de uma importante rota comercial ligando Pérgamo a Laodiceia e a Esmirna, transformou Tiatira em uma cidade próspera para o comércio. A cidade passou a especializar-se em tecidos tingidos — utilizando especificamente um corante púrpura desenvolvido a partir de uma combinação de mariscos e raízes —, mas o local também era atrativo para todo e qualquer tipo de artesanato. Historiadores sugerem que a cidade ainda estava em ascensão quando João teve sua visão de Cristo na Ilha de Patmos. Hoje Tiatira é a cidade turca de Akhisar.

Ao contrário das outras cidades da Ásia Menor, Tiatira nunca se transformou em um centro religioso. Nunca teve uma acrópole. A divindade principal da cidade era Apolo, o deus grego do sol, embora a religião não fosse uma característica importante da vida pública. Em vez disso, Tiatira era dominada por corporações comerciais, semelhantes aos nossos sindicatos modernos. Havia associações para tintureiros, curtidores, artesãos de bronze, padeiros e para todos os outros negócios que operavam na cidade. Encontrar um emprego, ou ter um negócio, era praticamente impossível se você não fizesse parte de uma associação comercial. Cada uma delas se submetia a uma divindade patronal e celebrava as festas e os rituais relacionados. Naturalmente, esses eventos incluíam comida sacrificada a ídolos e imoralidade sexual — criando um dilema significativo para qualquer cristão que desejasse manter tanto sua pureza quanto seu sustento. Mesmo que a cidade em si fosse relativamente secular e não religiosa, o desvio do paganismo ainda conseguiu infectar e poluir a cultura.

As Escrituras não nos dizem quando a igreja em Tiatira foi fundada. Poderia ter sido durante o ministério de Paulo em Éfeso (At 19.10). Ou, então, talvez tenha sido durante seu antigo ministério em Filipos. No livro de Atos, Lucas informa: *Uma das que ouviam era uma mulher temente a Deus chamada Lídia, vendedora de tecido de púrpura, da cidade de Tiatira. O Senhor abriu seu coração para atender à mensagem de Paulo* (At 16.14). Lídia e sua família foram os primeiros crentes na Europa e ajudaram a estabelecer a igreja filipense. É possível que ela, ou algum de seus parentes, tenha retornado a Tiatira e ajudado a estabelecer uma congregação ali.

Não importa como a igreja em Tiatira tenha começado, nota-se claramente pela carta de Cristo no Apocalipse que seus membros não permaneceram fiéis à verdade nem seguiram suas instruções para manter a igreja pura. De fato, a congregação estava "convidando" a ira e o julgamento de Deus devido ao seu comportamento corrupto.

Uma palavra do juiz

A carta do Senhor para Tiatira marca uma mudança na linguagem e no tom de sua correspondência até aqui. No primeiro grupo — as cartas a Éfeso, Esmirna e Pérgamo —, as igrejas permaneceram fiéis à fé e não cederam aos ataques do pecado. A igreja de Éfeso foi caracterizada pela lealdade a Cristo e pelo ensino sadio, mas lhes faltava amor. A lealdade de Esmirna ao Senhor foi testada pelo fogo, mas eles perseveravam fielmente. E, mesmo para a complacente igreja de Pérgamo, o Senhor elogia alguns dos membros por se apegarem ao seu nome.

Porém, isso não ocorre com a igreja em Tiatira, nem com as seguintes, de Sardes e Laodiceia. Nessas cidades, a situação era muito pior. Não se tratava mais de uma minoria dos crentes que estava pecando. Essas igrejas foram dominadas pelas influências satânicas do falso ensino e da imoralidade, e as cartas para elas indicam a ira do Senhor sobre a impureza.

Nota-se esse reflexo desde o início da carta a Tiatira, quando o Senhor se identifica como o *Filho de Deus, cujos olhos são como chama de fogo e os pés como bronze reluzente* (Ap 2.18). Em cada carta, Cristo se utiliza de imagens da visão inicial de João, que é vinculada à natureza de sua mensagem à igreja. Para Éfeso, ele enfatizou sua autoridade e cuidado com a igreja (Ap 2.1). Para Esmirna, ele os lembrou de sua natureza eterna, seu sacrifício em favor deles e as glórias que os esperavam no céu (Ap 2.8). E, ao trazer uma firme repreensão a Pérgamo, ele identificou o poder de sua Palavra e as consequências que viriam caso eles não se arrependessem (Ap 2.12).

A forma como o Senhor se descreve para Tiatira também prefigura sua mensagem para a igreja. Aqui ele é caracterizado por seus "olhos como chama de fogo", que significam sua perfeita onisciência. Não havia nada acontecendo na igreja em Tiatira que ele não soubesse, nenhum pecado secreto que escapasse da sua percepção (Mt 10.26). Era um lembrete de que *nada, em toda a criação, está oculto aos olhos de Deus, mas tudo está descoberto e exposto diante dos olhos daquele a quem havemos de prestar contas* (Hb 4.13). Nada pode ser escondido dos olhos do Senhor.

Junto com seu olhar penetrante e semelhante ao *laser*, Cristo descreve seus pés "como bronze polido" — uma representação de sua autoridade e julgamento sobre a igreja. Essa imagem surgirá novamente no Apocalipse, quando João descreve a ira do Senhor derramada contra o mundo impenitente. Ele registra que Cristo *pisa no lagar do vinho da ira feroz de Deus, o Todo-poderoso* (Ap 19.15). Aqui, os pés do Senhor brilham "como bronze reluzente" enquanto ele pisoteia a impureza que infecciona sua igreja.

Há uma diferença notável na terminologia da visão original de João. Ele escreve que viu alguém *semelhante a um filho de homem* (1.13), enfatizando não apenas a humanidade de Cristo, mas também sua compaixão e cuidado pelo povo. Reflete sua obra intercessória a nosso favor e sua compreensão de nossas fraquezas, fracassos e lutas. Em Apocalipse 2.18, Cristo se refere a si mesmo como *Filho de Deus*. Essa é uma afirmação de sua divindade e, com ela, de sua transcendência, santidade e julgamento. O Salvador se tornou o juiz; o Intercessor se tornou o executor. A ira divina está prestes a cair sobre essa congregação idólatra e imoral. Isso não é reconfortante ou simpático, mas ameaçador e aterrador. Esta é uma carta que nenhuma igreja quer receber.

No entanto, como todas as igrejas, Tiatira abriga uma amálgama de crentes verdadeiros e falsos. Assim como Pérgamo, os crentes eram culpados de tolerar os falsos crentes e sua influência corruptora no meio deles. Porém, ao contrário de Pérgamo, os falsos crentes e idólatras eram maioria e *dominavam* a igreja em Tiatira. Os cristãos verdadeiros eram uma minoria escassa.

Para aqueles poucos fiéis, o Senhor escreve: *Conheço as suas obras, o seu amor, a sua fé, o seu serviço e a sua perseverança, e sei que você está fazendo mais agora do que no princípio* (Ap 2.19). Assim como os olhos penetrantes do Senhor viram todo o pecado na igreja, ele assegura aos crentes em Tiatira que também vê a sua fidelidade. Especificamente, ele aponta para seu *amor e fé, serviço e perseverança*. Não há menção da solidez de sua doutrina — não sabemos quão sábios ou teologicamente perspicazes esses crentes eram. É possível que ainda fossem jovens cristãos, ainda imaturos em sua fé. Mas eles eram fortes na área em que Éfeso era fraca: eles amavam a Deus e serviam uns aos outros com esse amor. Cristo também elogia sua fé e perseverança, observando que esses traços piedosos estavam crescendo "mais do que no princípio."

Apesar de a igreja em Tiatira ser considerada uma "fossa imoral", havia ali alguns crentes preciosos que permaneciam fiéis. Em uma situação como essa, não há maior conforto do que saber que Deus vê seus atos e os aprova.

As assolações de Jezabel

Deixando para trás essa breve palavra de elogio, o Senhor lança uma repreensão mordaz para a igreja em Tiatira: *No entanto, contra você tenho isto: você tolera Jezabel, aquela mulher que se diz profetisa. Com os seus ensinos, ela induz os meus servos à imoralidade sexual e a comerem alimentos sacrificados aos ídolos* (Ap 2.20).

Apesar da ênfase indevida que nos últimos anos o mundo deu à palavra, em nenhum lugar das Escrituras a igreja é chamada para ser "tolerante." Pelo contrário, se há uma ordem nesse sentido, é exatamente oposta: a igreja deveria ser conhecida por sua *intolerância*. Deus exige que a igreja não tolere o falso ensino nem a imoralidade; a igreja não pode tolerar o pecado. Tiatira estava falhando nesse aspecto. O Senhor diz: *Você tolera Jezabel, aquela mulher que se diz profetisa*. A congregação em Tiatira havia sucumbido a algum tipo de feminismo do primeiro século e, com isso, abdicou de algum nível de influência da igreja para uma mulher, contrariando o princípio claro estabelecido pelo apóstolo Paulo em 1Timóteo 2.12: *Não permito que a mulher ensine, nem que tenha autoridade sobre o homem*. A "Jezabel" de Tiatira era uma mulher imoral e idólatra. Cristo observa que ela "se diz profetisa" (mas não é), significando que, ao alegar que suas heresias profanas eram de Deus, ela estava blasfemando.

As Escrituras não nos dizem quem era essa mulher. Cristo se refere a ela como "Jezabel", mas esse certamente não era seu nome verdadeiro. Em sã consciência, não há muitas mães escolhendo o nome Jezabel para suas filhas! A Jezabel original foi uma personagem do Antigo Testamento — esposa do rei Acabe. Era tão má e destrutiva que as Escrituras apontam para o seu casamento como o ápice da maldade de Acabe: *Acabe, filho de Onri, fez o que o Senhor reprova, mais do que qualquer outro antes dele. Ele não apenas achou que não tinha importância cometer os pecados de Jeroboão, filho de Nebate, mas também se casou com Jezabel, filha de Etbaal, rei dos sidônios, e passou a prestar culto a Baal e adorá-lo* (1Rs 16.30–31). Baal era um deus cananeu associado a tempestades e fertilidade; os rituais de sua adoração incluíam automutilação e orgias nefastas. Israel, no passado, já tinha pecado por adorar Baal, mas, sob o reinado de Jezabel e Acabe, o culto a Baal tornou-se uma religião oficialmente validada. Como resultado, o nome

A IGREJA CORRUPTA: TIATIRA

de Jezabel se tornou sinônimo dos piores males de uma falsa religião, assim como a corrupção do povo de Deus.

Precisamos considerar os terríveis e macabros detalhes que cercam sua morte para ter uma ideia de como a ira de Deus se acendeu contra essa vil mulher:

> *Em seguida Jeú entrou em Jezreel. Ao saber disso, Jezabel pintou os olhos, arrumou o cabelo e ficou olhando de uma janela do palácio. Quando Jeú passou pelo portão, ela gritou: 'Como vai, Zinri, assassino do seu senhor?' Ele ergueu os olhos para a janela e gritou: 'Quem de vocês está do meu lado?' Dois ou três funcionários olharam para ele.*
>
> *Então Jeú ordenou: 'Joguem essa mulher para baixo!' Eles a jogaram e o sangue dela espirrou na parede e nos cavalos, e Jeú a atropelou. Jeú entrou, comeu, bebeu e ordenou: 'Peguem aquela maldita e sepultem-na, afinal era filha de rei.' Mas, quando foram sepultá-la, só encontraram o crânio, os pés e as mãos. Então voltaram e contaram isso a Jeú, que disse: 'Cumpriu-se a palavra do Senhor, anunciada por meio do seu servo Elias, o tesbita: Num terreno em Jezreel cães devorarão a carne de Jezabel, os seus restos mortais serão espalhados num terreno em Jezreel, como esterco no campo, de modo que ninguém será capaz de dizer: 'Esta é Jezabel'.* (2Rs 9.30–37)

Assim como a Jezabel do Antigo Testamento, a profetisa em Tiatira estava levando o povo de Deus à idolatria: *Com os seus ensinos, ela induz os meus servos à imoralidade sexual e a comerem alimentos sacrificados aos ídolos* (Ap 2.20). Através de seus falsos e blasfemos ensinos, essa mulher estava levando os servos de Cristo de volta à escravidão do paganismo. As Escrituras nos falam sobre a seriedade de Deus quando um falso mestre leva um de seus filhos à imoralidade e à heresia:

> *Mas se alguém fizer tropeçar um destes pequeninos que creem em mim, melhor lhe seria amarrar uma pedra de moinho no pescoço e se afogar nas profundezas do mar. Ai do mundo, por causa das coisas que fazem tropeçar! É inevitável que tais coisas aconteçam, mas ai daquele por meio de quem elas acontecem!* (Mt 18.6–7).

As Escrituras não dizem, especificamente, o que aquela Jezabel estava ensinando na igreja em Tiatira – apenas informam os resultados de sua heresia. Tomando o que sabemos sobre alguns dos ensinamentos falsos que atacaram os crentes do primeiro século, podemos ter uma noção de como ela baixou as defesas espirituais da igreja e induziu os crentes de Tiatira a graves pecados e erros. O fato é que essas mesmas mentiras ainda circulam hoje, com os mesmos efeitos corruptos.

Pode ser que a igreja em Tiatira tenha sucumbido a uma forma primitiva de heresia gnóstica. O termo *gnosticismo* vem da palavra grega para conhecimento (*gnôsis*). Foi uma filosofia dualista que flagelou a igreja primitiva. Os gnósticos ensinavam que o universo físico era inerentemente mau, enquanto o mundo espiritual era bom, e a salvação se resumia em simplesmente alcançar um tipo de conhecimento espiritual esotérico. O resultado desse dualismo foi uma total indiferença aos valores morais e ao comportamento ético. Porque, se o corpo e o espírito eram completamente distintos, então o pecado cometido no corpo não teria efeito sobre o espírito. Ao argumentar que quaisquer atos realizados com o corpo não importavam para Deus, os adeptos davam licença para todo tipo de libertinagem carnal.

Embora o gnosticismo não tenha sobrevivido como movimento definido, as ideias gnósticas ressurgiram e têm afligido a igreja através dos séculos. A falsa noção de que a salvação é simplesmente uma função de aceitação mental ainda confunde a igreja. O ensino gnóstico permitiu uma separação radical entre o que as pessoas dizem que acreditam e como elas vivem suas vidas. Essa mesma inconsistência é pandêmica na igreja hoje. Inúmeras pessoas em igrejas supostamente evangélicas acreditam que são salvas simplesmente porque levantaram suas mãos e oraram para "receber a Cristo." Elas estão seguras de sua salvação, independentemente de como (ou se) sua suposta salvação se manifesta em sua vida. Os proponentes desse evangelho sem compromisso cometem o mesmo erro fundamental dos gnósticos: se você diz que acredita nas coisas certas, não importa como você vive. O resultado é uma falsa garantia de salvação que tragicamente leva muitas pessoas ao inferno.

A IGREJA CORRUPTA: TIATIRA

Outra mentira antiga intimamente relacionada com a fraude que foi Jezabel de Tiatira é conhecida como *antinomianismo*. Essa palavra se origina dos termos gregos "contra a lei" (*anti nomos*) e é uma maneira simples de resumir sua filosofia. Os antinomianos acreditavam que a lei de Deus não se aplicava aos cristãos – que seu perdão estava completo e sua graça cobria quaisquer pecados que eles tivessem cometido ou ainda cometessem no futuro. Eles distorceram a verdade de que, *se vocês são guiados pelo Espírito, não estão debaixo da lei* (Gl 5.18) para sugerir que a lei de Deus não tem relevância para os cristãos. Com relação à questão de Romanos 6.1 — *Que diremos então? Continuaremos pecando para que a graça aumente?* —, a resposta deles, na verdade, era "Sim. O pecado aumenta a graça de Deus, então não há nada com o que se preocupar." Esse grosseiro equívoco da misericórdia divina deu-lhes uma visão insensível de justiça e autodisciplina, e resultou em vidas desregradas, mergulhadas em pecado. Judas descreveu e advertiu sobre quem propaga tal erro: *Estes são ímpios, e transformam a graça de nosso Deus em libertinagem e negam Jesus Cristo, nosso único Soberano e Senhor* (Jd 4).

Embora o termo "antinomiano" continue sendo pejorativo nos círculos cristãos, uma visão similarmente distorcida da graça de Deus tem aumentado em popularidade nos últimos anos. Alguns pastores ostentam orgulhosamente sua pecaminosidade diante de suas congregações; outros zombam declaradamente da busca por santidade e piedade, como se fosse uma negação legalista da graça. E, embora a forte ênfase na graça de Deus possa inicialmente parecer boa, essa teologia leva a uma perigosa depreciação do pecado e à ausência da avaliação de sua verdadeira ofensa a Deus. Em muitos casos, é pouco mais do que uma fachada usada para cobrir uma vida imoral.

Pode-se ver assim como as duas mentiras teriam funcionado nas mãos da Jezabel de Tiatira. Praticamente qualquer desculpa para ignorar o pecado teria ajudado sua campanha de corrupção. Qualquer que fosse a natureza de suas mentiras doutrinárias, ela conseguiu convencer grande parte da igreja de que a extrema imoralidade do paganismo era um comportamento aceitável para os crentes. Eles acreditavam que podiam reivindicar o nome de Cristo e se entregavam abertamente aos pecados da carne. De fato, a carta de Cristo refere-se aos esforços de alguns na igreja para [conhecer] *como eles dizem, os profundos segredos de Satanás* (Ap 2.24). Aparentemente, essa mulher e seus seguidores não estavam satisfeitos com a variedade da idolatria e do paganismo. Eles se aprofundavam no domínio de Satanás para satisfazer seus apetites imorais. Em sua lógica distorcida, até mesmo as perversões demoníacas e os comportamentos satanicamente licenciosos eram permissíveis.

Em Apocalipse 2.21, o Senhor diz: *Dei-lhe tempo para que se arrependesse da sua imoralidade sexual, mas ela não quer se arrepender.* Não pode haver engano — essa falsa profetisa conhecia as profundezas de seu perverso engodo. Ela sabia que seu ensinamento era uma afronta a Deus, uma blasfêmia de seu nome e um veneno espiritual para a igreja. A paciência de Deus com ela estava agora no fim e o julgamento se aproximava.

Proclamação da condenação

Cristo promete uma resposta rápida e terrível à corrupção de sua igreja: *Por isso, vou fazê-la adoecer e trarei grande sofrimento aos que cometem adultério com ela, a não ser que se arrependam das obras que ela pratica. Matarei os filhos dessa mulher. Então, todas as igrejas saberão que eu sou aquele que sonda mentes e corações, e retribuirei a cada um de vocês de acordo com as suas obras* (Ap 2.22-23).

O juízo divino estava vindo rapidamente para a Jezabel de Tiatira e para todos os que *cometem adultério com ela*. Em toda Bíblia, a palavra "adultério" é frequentemente utilizada como referência à infidelidade espiritual. O termo é adequado e, muitas vezes, literalmente aplicável, porque atos de fornicação eram considerados ritos religiosos em muitas religiões pagãs, desde os antigos cananeus até as seitas gregas e romanas do primeiro século. Corinto, por exemplo, era uma cidade cheia de templos. No entanto, os bordéis eram ainda mais numerosos que os templos, e as prostitutas serviam como "sacerdotisas." O fato de Cristo chamar essa mulher de Tiatira de "Jezabel" indica que ela e seu falso ensinamento fomentaram uma tolerância perversa a relacionamentos imorais dentro da igreja. Ela, aparentemente, estimulou atos físicos de adultério dentro da igreja, imitando o paganismo daquela época corrupta. A ideia de que essa mulher era culpada de adultério real é reforçada pela advertência de Cristo de que ele a "faria adoecer." (Essa palavra "adoecer" não existe no texto original em grego; foi adicionada pelos tradutores.) O sentido é que ela e todos os que participaram de sua iniquidade seriam lançados juntos no inferno.

O Senhor continua: *Matarei os filhos dessa mulher* (v. 23). Literalmente traduzido, ele diz: "Atingirei os filhos dela com a *morte*." Essa provavelmente não é uma referência a qualquer filho biológico que ela possa ter tido. Em vez disso, a Jezabel de Tiatira exerceu influência na igreja por tempo suficiente para ter uma segunda geração de seguidores que defendiam sua heresia. A fim de purificar a igreja, o Senhor ameaça matar esses discípulos da libertinagem de Jezabel.

As palavras de Cristo têm realmente o objetivo de causar pânico nos pastores condescendentes e tolerantes com o pecado! Por causa da pureza de sua igreja, ele matará aqueles que exercerem influências corruptoras. Foi o que ele fez quando Ananias e Safira mentiram ao Espírito Santo (At 5.1–11). Ele abateu alguns na igreja de Corinto que abusaram da Ceia do Senhor (1Co 11.28–29). Em 1João 5.16, vemos que existe *um pecado que leva à morte* — um pecado tão sério que o Senhor toma a vida da pessoa que o cometer. Se a pureza da igreja estiver sob ameaça, o Senhor removerá essa ameaça da face da terra. Nem sempre será quando esperamos — ele frequentemente estende sua grande paciência, como fez com a Jezabel de Tiatira. Porém, essa paciência não é garantida. Digo novamente que não devemos supor que há uma quantidade "aceitável" de pecado na igreja. O Senhor não tolera nenhum deles; não devemos também aceitar.

O Senhor, em seu tempo, derramará juízo definitivo contra os que corrompem a sua igreja — e não apenas por causa de uma igreja específica. Cristo diz que derramará sua ira de forma que *todas as igrejas saberão que eu sou aquele que sonda mentes e corações, e retribuirei a cada um de vocês de acordo com as suas obras* (Ap 2.23). Resumindo, Tiatira será utilizada como exemplo pelo Senhor.

Não entendo como os pastores e suas igrejas podem ficar indiferentes ao pecado quando veem a explícita declaração do Cabeça da igreja de que ele demonstrará publicamente sua santa ira se a igreja cair em corrupção. Ele fará uma exibição de seu julgamento, de modo que outras congregações vejam e se arrependam. Ele utilizará o fracasso e a destruição de uma igreja, para purificar outras e para evidenciar sua santidade ao seu povo. Não há desculpas para tolerar o pecado ou encará-lo como estratégia evangelística. Fazer isso é um convite à ira do céu.

As palavras de Cristo em Apocalipse 2.23 remetem a Jeremias 17.10: *Eu sou o Senhor que sonda o coração e examina a mente, para recompensar a cada um de acordo com a sua conduta, de acordo com as suas obras.* Esta é outra afirmação de sua divindade e autoridade. Ele nos lembra de que é o juiz onisciente que tudo vê com clareza perfeita e visão penetrante.

Há, finalmente, uma nota de encorajamento em suas palavras – não para os idólatras imorais que corrompem a igreja em Tiatira, mas para a minoria que permaneceu fiel contra as investidas violentas de Satanás e seus falsos mestres. Assim como ele vê as obras dos ímpios, também vê a fidelidade do remanescente. E, então, não termina sua carta sem oferecer uma palavra final de conforto àqueles que se apegam à verdade.

Conforto para os incorruptos

Havia apenas uma igreja na cidade de Tiatira, e ela praticava abertamente a idolatria. Se você fosse um crente fiel daquela cidade, seria essa a sua igreja, ou nenhuma outra.

Muitos crentes se sentem hoje da mesma forma, pois vivem em locais onde não há igrejas fortes ou fiéis; e, então, só lhes resta procurar a "menos ruim" das opções. Para esses cristãos fiéis que convivem com igrejas fracas e ineficazes, o Senhor tem algo a dizer:

A IGREJA CORRUPTA: TIATIRA

> *Aos demais que estão em Tiatira, a vocês que não seguem a doutrina dela e não aprenderam, como eles dizem, os profundos segredos de Satanás, digo: não porei outra carga sobre vocês; tão somente apeguem-se com firmeza ao que vocês têm, até que eu venha. Àquele que vencer e fizer a minha vontade até o fim darei autoridade sobre as nações. 'Ele as governará com cetro de ferro e as despedaçará a um vaso de barro.' Eu lhes darei a mesma autoridade que recebi, autoridade de meu Pai. Também lhe darei a estrela da manhã. Aquele que tem ouvidos ouça o que o Espírito diz às igrejas* (Ap 2.24–29).

O Senhor sempre conhece os seus. Em meio à vil corrupção em Tiatira, dentro de uma igreja que rumava para o inferno, ainda havia alguns crentes fiéis. O Senhor também viu suas ações. Não há outro fardo sobre eles; só precisam permanecer fiéis. Eles já carregavam o fardo do falso ensino constante; o imenso peso da dor de viver fielmente ao lado daquele horrível espetáculo. Isso já era suficiente. Cristo, então, lhes diz que eles precisavam "se apegar" à verdade e opor-se às influências corruptoras ao redor. Eles deviam continuar a resistir às tentações de Satanás e à influência iníqua de seus falsos mestres. Não havia outra igreja para onde ir. Eles tinham de aguentar a pressão dessa corrupção consumidora e aguardar o início do trabalho purificador do Senhor.

Isso deveria servir de conforto para todo crente fiel confinado a uma igreja pecaminosa. O Senhor não está cego a essa situação. Ele vê a corrupção ao seu redor. Ele conhece o fardo que você carrega. Ele quer que você permaneça fiel e quer que você saiba que ele contempla a sua fidelidade. Você pode estar espiritualmente estagnado, mas nunca estará sozinho.

Além disso, para os seus fiéis vencedores (ver 1Jo 5.4–5), Cristo promete: *Àquele que vencer e fizer a minha vontade até o fim darei autoridade sobre as nações. 'Ele as governará com cetro de ferro e as despedaçará a um vaso de barro.' Eu lhes darei a mesma autoridade que recebi, autoridade de meu Pai* (Ap 2.26–27). A linguagem aqui vem das palavras de Salmo 2.7–9: *Proclamarei o decreto do Senhor: Ele me disse: Tu és meu filho; eu hoje te gerei. Pede-me, e te darei as nações como herança e os confins da terra como tua propriedade. Tu as quebrarás com vara de ferro e as despedaçarás como a um vaso de barro.*

Esta é uma referência ao reinado de Cristo em seu reino milenar. Para aqueles que vencerem fielmente, que perseverarem até o fim, Cristo promete compartilhar sua santa autoridade com eles. O Senhor governará sobre as nações rebeldes com um cetro de ferro, mas também apascentará seu povo. Esse é o papel que ele compartilha com seus abençoados vencedores em seu reino.

Ainda há mais: *Também lhe darei a estrela da manhã* (Ap 2.28). Em Apocalipse 22.16, João nos diz que a estrela da manhã não é ninguém mais que o próprio Cristo: *Eu, Jesus, enviei o meu anjo para dar a vocês este testemunho concernente às igrejas. Eu sou a Raiz e o Descendente de Davi, e a resplandecente estrela da manhã.* Deste lado do céu, os cristãos têm Cristo em parte. Temos o seu Espírito que habita em nós; temos a sua Palavra. Essa, portanto, é uma promessa de nosso relacionamento futuro com ele, quando conhecermos a Cristo plenamente, intimamente e completamente na glória de seu reino. Antecipando ansiosamente aquele dia abençoado, Paulo escreveu: *Agora, pois, vemos apenas um reflexo obscuro, como em espelho; mas, então, veremos face a face. Agora conheço em parte; então, conhecerei plenamente, da mesma forma como sou plenamente conhecido* (1Co 13.12). Os vencedores receberão o reino e o rei.

Cristo termina sua carta a Tiatira com uma tarefa repetida ao público mais amplo: *Aquele que tem ouvidos, ouça o que o Espírito diz às igrejas* (Ap 2.29). A igreja precisa ouvir suas palavras à Tiatira e tremer. Precisamos saber que Deus não será zombado e que ele não reterá seu julgamento indefinidamente. Ele castigará ferozmente aqueles que toleram e brincam com o pecado, infectando sua igreja com corrupção mundana. Porém, para aqueles que suportarem e permanecerem fiéis — para aqueles que não se corromperem com o mundo —, ele promete a plenitude de Cristo ao reinarem com ele.

SETE

A igreja **morta**: SARDES

O SENHOR CRIOU UM UNIVERSO VASTO E MAGNÍFICO, e nossa mente finita pode compreender apenas uma ínfima parte dele. Até o que vemos nos vastos recessos do espaço pode ser diferente da realidade. Por exemplo, um ano-luz é a distância que a luz é capaz de percorrer — movimentando-se a mais de 300 mil quilômetros por segundo — em um ano. A distância chega a mais de 9 trilhões de quilômetros. Então, quando olhamos para o céu à noite e vemos as estrelas, não estamos vendo a luz que elas estão produzindo naquele momento. Vemos a luz de cinco, dez e até de vinte anos atrás. De fato, poderíamos estar vendo a luz de décadas no passado, ou até mesmo de estrelas que há muito tempo se apagaram. Inclusive, pode levar muitos anos até que percebamos que a luz delas se extinguiu.

Hoje existem muitas igrejas em situação similar. À distância, a luz clara que emitem pode ser uma ilusão. Pode estar vindo do passado e ser reflexo da luz que um dia existiu, mas foi extinta pelo pecado e pelo falso ensino. A igreja em Sardes era assim. Pelo lado de fora, não era possível saber que havia algo errado com ela. Porém, em sua carta a essa igreja, em Apocalipse 3.1–6, o Senhor declarou que ela estava morta.

A glória desvanecida

Cerca de 50 quilômetros ao sul de Tiatira, a cidade de Sardes descansava no sopé do monte Tmolo, perto do rio Pactolo. O rio continha grandes depósitos de ouro, o que fez de Sardes uma das cidades mais ricas do mundo antigo. Era a capital do Império Lídio, cujo rei Creso continua sendo um ícone de riqueza (ainda hoje há quem use a expressão "Tão rico quanto Creso!"). De fato, Sardes foi a primeira cidade a cunhar moedas de ouro e prata. A tradição nos diz que Sardes também desenvolveu o primeiro processo de tingimento de lã, e a indústria têxtil continuou a ser importante para a cidade durante todo o primeiro século.

Uma cidade tão abastada como Sardes precisava ser capaz de se proteger. Ela ficava a 4.500 metros de altitude nas montanhas e era cercada por penhascos e ladeiras, com apenas um caminho íngreme que levava à cidade. A localidade foi pensada tendo em vista ser inexpugnável. E poderia ter sido, se não fosse pelo descuido dos homens:

> Após consultar um deus grego e dele receber uma suposta advertência contra sua arrogância, Creso, o rei da Lídia, iniciou um ataque contra Ciro, rei da Pérsia, mas foi seriamente derrotado. Voltando a Sardes para reorganizar e reconstruir seu exército visando atacar novamente, ele foi perseguido por Ciro que sitiava Sardes. Creso, porém, sentiu-se completamente seguro em sua situação inexpugnável no topo da acrópole e previu uma vitória fácil sobre os persas que estavam encurralados entre as rochas perpendiculares da cidade baixa, uma presa fácil para o exército lídio esmagar. Uma noite, depois de se retirar, e enquanto o drama se desenrolava, ele acordou e descobriu que os persas tinham ganhado o controle da acrópole escalando um a um as íngremes encostas (549 a.C.). Tão seguros estavam os habitantes de Sardes que deixaram esse meio de acesso completamente desprotegido, permitindo que os invasores escalassem sem serem notados. Diz-se que até mesmo uma criança poderia ter defendido a cidade desse tipo de ataque, mas ninguém foi designado para vigiar o lado que se acreditava inacessível.
>
> A mesma história se repetiu mais de três séculos e meio depois, quando Antíoco, o Grande, conquistou Sardes, utilizando os serviços de um hábil alpinista de Creta (195 a.C.). Seu exército entrou na cidade por uma rota inesperada. As forças de defesa que estavam extremamente

A IGREJA MORTA: SARDES

confiantes, e por isso mesmo descuidadas, contentou-se em guardar o único acesso conhecido, o istmo de terra ligado ao monte Tmolo, no sul[1].

Sardes caiu sob domínio romano mais de cem anos antes do nascimento de Cristo. Em 17 d.C., foi arrasada por um terremoto que reduziu a cidade a ruínas. O imperador romano, Tibério, reconstruiu a cidade e, em troca, Sardes passou a abrigar um templo em sua homenagem. No entanto, a principal divindade da cidade era a deusa Cibele. As ruínas de Sardes permanecem ainda hoje, perto da aldeia de Sart na Turquia.

Embora a cidade tenha continuado a prosperar sob o domínio romano, nunca voltou à sua antiga glória. Na verdade, Sardes era uma cidade degenerada e abrigava uma igreja igualmente degenerada. As Escrituras não nos dão detalhes sobre a fundação da igreja de Sardes. É provável que tenha se iniciado durante o ministério de Paulo em Éfeso (At 19.10).

A carta de Cristo para a igreja em Sardes destaca-se, de certa forma, pelo que *não diz*. Não há menção de perseguição. Não há menção de má teologia ou falsos mestres. Não há discussão sobre o comprometimento com o mundo ou qualquer pecado específico que estivesse corrompendo a igreja. Porém, podemos assumir que todos esses problemas existiam na congregação em Sardes; ela se posicionava, na escala de decadência espiritual, bem abaixo do que o Senhor estava descrevendo. Na verdade, ele diz sobre ela a pior coisa que poderia ter sido dita sobre uma igreja: ela está morta. Em menos de quarenta anos, eles deixaram seu primeiro amor como Éfeso, foram seduzidos e ficaram condescendentes como Pérgamo, e sucumbiram à corrupção como Tiatira. De que outra forma Sardes poderia ter alcançado tão rapidamente a decadência espiritual que o Senhor descreve em Apocalipse?

---
[1] THOMAS, Robert L. *Revelation 1-7: an exegetical commentary* (Apocalipse 1–7: um comentário exegético). Chicago: Moody, 1992, p. 241.

Solução divina para necessidades extremas

Em sua carta a Sardes, Cristo identifica-se de maneira convincente, como *o que tem os sete espíritos de Deus, e as sete estrelas* (Ap 3.1). Como vimos, Cristo utiliza as visões iniciais de João para ilustrar aspectos específicos de seu caráter, de forma a reforçar suas palavras para cada igreja em particular. No entanto, a referência aos "sete Espíritos de Deus" aponta mais para a saudação de João às sete igrejas em Apocalipse 1.4: *João, às sete igrejas que estão na Ásia: Graça e paz seja convosco da parte daquele que é, e que era, e que há de vir, e da dos sete espíritos que estão diante do seu trono.* É uma frase que ele usa repetidamente ao longo do livro (ver também 4.5; 5.6). Mas o que isso significa, uma vez que existe apenas um Espírito Santo (Ef 4.4)?

Existem duas maneiras de entender essas visões. Primeiro, podemos olhar para Isaías 11.2, quando ele descreve o relacionamento do Espírito Santo com o Messias: *E repousará sobre ele o Espírito do Senhor, o espírito de sabedoria e de entendimento, o espírito de conselho e de fortaleza, o espírito de conhecimento e de temor do Senhor.* Isaías identifica sete características-chave da obra de capacitação do Espírito. Ele é o Espírito do Senhor, assim como o espírito de sabedoria, entendimento, conselho, força, conhecimento e temor do Senhor. Normalmente, refere-se assim ao sétuplo Espírito do Senhor; é uma forma de entender o Espírito na plenitude de seu poder e obra.

A outra maneira de entender o que Cristo quer dizer com "tem os sete espíritos de Deus" é ver uma referência à visão profética de Zacarias, na qual o Espírito Santo é visto como um candelabro de ouro composto de sete lâmpadas em Zacarias 4.1–10. Em ambos os casos, esta é, sem dúvida, uma referência ao Espírito Santo, que foi dado à igreja por Cristo.

Assim, para a igreja de Sardes, o Senhor descreve a si mesmo como aquele que possui o Espírito Santo em sua plenitude e as "sete estrelas", uma referência à visão inicial de João (Ap 1.16) que retrata o cuidado soberano do Senhor para com os mensageiros das sete igrejas. Em suma, o autor da carta é aquele que dá o Espírito Santo para a igreja e que soberanamente a conduz através de seus pastores.

Como isso se relaciona com a congregação em Sardes? Por que o Senhor não aparece fazendo um julgamento onisciente, com olhos de fogo e pés de bronze? Como veremos, não há muito o que julgar nesta carta, porque a igreja já está morta desde o início.

Cristo descreve a si mesmo como aquele que possui aquilo de que a igreja de Sardes mais precisa: o Espírito Santo e pastores fiéis. A igreja de Sardes não tinha nenhum dos dois. Eles eram desprovidos do Espírito Santo e de pastores espiritualmente qualificados. Não havia liderança piedosa; a igreja estava sendo desviada por homens que não conheciam nem amavam a verdade. A vida e o poder do Espírito Santo não estavam lá. A obra iluminadora e capacitadora do Espírito havia cessado. Sem o Espírito Santo e sem líderes fiéis, a igreja estava morta. Era uma igreja dominada pela carne, pelo pecado, pela incredulidade e, principalmente, por não regenerados. A igreja em Sardes tinha necessidades espirituais prementes que somente Cristo poderia satisfazer.

As obras dos mortos

O padrão do Senhor nestas cartas era iniciar com algumas palavras de elogio, ou louvor, para as pessoas nas igrejas que permaneceram fiéis a ele e à sua Palavra. Esse padrão é quebrado na carta para a igreja de Sardes. Ele escreve: *Conheço as tuas obras, que tens nome de que vives, e estás morto* (Ap 3.1).

Nosso Deus é onisciente; ele vê tudo e *através* de tudo. "A olho nu", a igreja de Sardes parecia bem. Cristo diz: *tens nome de que vives, e estás morto.* Ele podia ver através da fachada, e pelos seus atos, a verdadeira natureza de seus corações. Ele não está falando apenas sobre a morte física — eles estavam espiritualmente mortos. É o que Paulo descreve em Efésios 2.1 como *mortos em ofensas e pecados.* Em Colossenses 2.13, ele registra: *vós estáveis mortos nos pecados, e na incircuncisão da vossa carne.* Esse é o tipo de morte que o Senhor está descrevendo em Sardes. Ele via que aquela igreja não era salva, e isso também poderia acontecer com o mundo.

Infelizmente, vemos hoje muitas igrejas como a de Sardes. O mundo está cheio de igrejas liberais que não acreditam que a Bíblia é a Palavra de Deus. Elas negam a divindade e a obra expiatória de Cristo; elas negam o evangelho. Ainda fazem boas obras e ainda têm formas de adoração, mas não há vida espiritual em seu interior. A pretensa devoção a Cristo é uma farsa; não há desejo de ver os não regenerados salvos, porque eles mesmos também não são regenerados.

De certo modo, é até fácil identificar uma igreja morta. Ela está envolvida em tradição religiosa praticada por rotina, mas é desprovida de fé real. Está preocupada com a liturgia e a forma, mas não com a verdadeira adoração. É uma igreja consumida com a cura de males sociais e a promoção do bem-estar público, mas sem pregar o poder do evangelho para transformar vidas. É uma igreja que tolera o pecado em vez de confrontá-lo. É uma igreja que está mais interessada nas modas e opiniões dos homens do que na Palavra de Deus. É uma igreja dedicada a coisas materiais, que por vezes até pratica algo vagamente espiritual, mas não utiliza as Escrituras em sua plenitude. É uma igreja que não tem desejo de santidade.

E apenas trinta ou quarenta anos depois de ter sido fundada — desde o tempo em que o evangelho se expandiu pela Ásia Menor (ver At 19.10) até o exílio de João em Patmos — a igreja em Sardes já havia morrido. Essa rápida decadência é um alerta em si.

O que poderia matar uma igreja tão rapidamente? Erros matam igrejas. O falso ensino e a falsa doutrina também. Eles confundem e corrompem a igreja, drenando-lhe a vida. O pecado mata a igreja. O pecado vai, aos poucos, arrancando-lhe a vida. Ele distorce o caráter e a mente da igreja. Os pecados de omissão e comissão sufocam lentamente a vontade da igreja de manter a santidade e a pureza. Uma liderança pecaminosa pode, rapidamente, desferir golpes mortais contra uma igreja. Comprometimento com o mundo também mata a igreja. Ao contrário da tendência atual, não há melhor maneira de introduzir o poder de fogo do pecado em uma igreja do que o afluxo de incrédulos. Aceitar e colocar os incrédulos em posição de liderança é o mesmo que apertar a igreja pelo pescoço e estrangulá-la. Em última análise, as igrejas morrem por uma razão: tolerância ao pecado seminal de não levar as Escrituras a sério.

Evidentemente, a igreja em Sardes ainda estava passando por movimentos religiosos. Talvez eles tivessem ajudado a sanar alguns dos males sociais da cidade, feito algum trabalho filantrópico ou prestado serviços à comunidade. Seja o que for, o Senhor diz: *Conheço as tuas obras* (Ap 3.1). Logo em seguida, no versículo 2, ele acrescenta: *Não achei suas obras perfeitas aos olhos do meu Deus.* Essa é outra maneira de dizer que suas ações eram insatisfatórias. Sua pantomima piedosa não enganavam o Senhor; suas boas obras eram inaceitáveis. A igreja pode ter sido socialmente distinta, mas seus membros estavam vivendo uma mentira. A parte interna da igreja era um cemitério espiritual, e suas boas obras, um disfarce para um cadáver eclesiástico.

Nesse sentido, eles eram muito parecidos com Sansão. Nos dias sombrios da história de Israel, no tempo dos juízes, o Senhor apresentou Sansão como um campeão para os israelitas combaterem os filisteus. Ele era um herói muito aclamado pelo povo de Deus, que realizava proezas miraculosas de força e façanhas heroicas que toda criança aprende na escola bíblica dominical.

Ocorre, porém, que Sansão caiu em pecado. Ele sucumbiu à luxúria e ao orgulho e, insensatamente, divulgou o segredo de sua força: seus cabelos. Em última análise, não foi o corte de cabelo que lhe tirou a força, mas o fato de haver quebrado um voto feito para Deus. Quando os filisteus o atacaram novamente, as Escrituras nos dizem que Sansão foi facilmente capturado porque ele *não sabia que o Senhor o tinha deixado. Os filisteus o prenderam, furaram os seus olhos e o levaram para Gaza. Prenderam-no com algemas de bronze, e o puseram a girar um moinho na prisão* (Jz 16.20b-21).

Que declaração trágica: "ele não sabia que o Senhor o havia deixado." Seu pecado o arruinou, deixando-o cego, miserável, prisioneiro e acorrentado ao moinho pelo resto da vida. Foi isso também o que ocorreu com a igreja em Sardes. Ela era viva e poderosa. No entanto, em determinado momento, começou a cortejar o mundo e a tolerar o pecado. Com o tempo, tornou-se fraca e cega, sem saber que Deus a havia deixado.

Muitas igrejas estão assim hoje. Elas são paramentadas e organizadas. Parecem estar cheias de vida, mas, por dentro, toda a congregação está cega e presa pelas correntes de seus pecados. Para igrejas como essa, o Senhor diz: *você tem fama de estar vivo, mas está morto* (Ap 3.1b).

Quase morta

Vemos nos mandamentos de Cristo para a igreja que ainda havia uma vaga vida espiritual em Sardes. Ele diz: *Esteja atento! Fortaleça o que resta e que estava para morrer, pois não achei suas obras perfeitas aos olhos do meu Deus. Lembre-se, portanto, do que você recebeu e ouviu; obedeça e arrependa-se. Mas se você não estiver atento, virei como um ladrão e você não saberá a que hora virei contra você* (Ap 3.2-3). Só que não adianta mandar um morto acordar.

Então o Senhor fala aos poucos crentes remanescentes em Sardes. Ele lhes dá cinco ordens para resgatar a igreja de sua espiral de morte e impulsionar a necessária reforma e restauração.

A primeira foi simplesmente "acordar" (Ap.3.2). Não era hora para letargia espiritual. Eles precisavam abandonar a indiferença espiritual e entrar em ação. Era uma chamada para olhar, analisar ao redor e assim avaliar com precisão a situação. Não seria mais possível aceitar passivamente aquela condição. A igreja estava morrendo; grande parte dela já estava morta. "Acorde! Fique alerta! É hora de trabalhar."

A segunda ordem foi fortalecer o que ainda restava: *Fortaleça o que resta e que estava para morrer* (3.2b). Era uma ordem para resgatar o que ainda fosse possível daquela igreja moribunda. Ela deveria remover os anos de podridão, de decadência, e recuperar tudo o que pudesse de seu antigo valor espiritual. Qualquer virtude e piedade que ainda existissem, qualquer brasa de seu amor por Cristo que ainda pudesse ser reavivada — era hora de fortalecimento.

Em Apocalipse 3.3, Cristo ordenou-lhes: *Lembre-se, portanto, do que você recebeu e ouviu.* A essa altura, o cânon do Novo Testamento estava sendo fechado. Todos os evangelhos e epístolas já haviam sido escritos. Sabemos que as cartas de Paulo estavam circulando pelas igrejas (ver 2Pe 3.15–16) e certamente as outras cartas também. O Senhor está instruindo os crentes remanescentes em Sardes a repensarem a verdade espiritual recebida e a não deixarem o coração esfriar para a sua Palavra. De fato, *lembre-se da verdade do glorioso evangelho de Cristo; lembre-se do ensinamento que os apóstolos sofreram e morreram para entregar a vocês.* Isso é semelhante ao que Paulo aconselhou a Timóteo: *guarde o que lhe foi confiado* (1Tm 6.20). Os crentes de Sardes tinham de recuperar a preciosidade da Palavra de Deus se quisessem reviver e resgatar sua igreja que estava morrendo.

No entanto, não basta lembrar da verdade. Cristo também ordenou que eles a "obedecessem" (Ap 3.3). Como vimos na igreja em Pérgamo, não é suficiente conhecer a verdade. O Senhor ordena que também a obedeçamos. Lembrar da verdade não ajudaria a igreja se ela não a praticasse.

Finalmente, o Senhor ordenou que eles se arrependessem (Ap 3.3). Acima de tudo, a igreja de Sardes precisava confessar seus pecados e afastar-se deles. Sem arrependimento, nenhuma outra mudança seria duradoura ou faria diferença na vida da igreja. Cada pessoa teria de romper com qualquer padrão de pecado e começar um relacionamento correto com Deus para que houvesse um verdadeiro reavivamento.

O Senhor, então, os advertiu sobre o que aconteceria se eles deixassem de cumprir os seus mandamentos: *Mas se você não estiver atento, virei como um ladrão e você não saberá a que hora virei contra você* (v. 3). Quando o Senhor fala em vir como um ladrão, está dando uma ilustração sobre seu iminente julgamento. Isso significa que ele virá sem aviso, quando menos se espera. Mais tarde, em Apocalipse 16.15, lemos: *Eis que venho como ladrão! Feliz aquele que permanece vigilante e conserva consigo as suas vestes, para que não ande nu e não seja vista a sua vergonha.* Pedro adverte em sua segunda epístola: *O dia do*

Senhor, porém, virá como ladrão. Os céus desaparecerão com um grande estrondo, os elementos serão desfeitos pelo calor, e a terra, e tudo o que nela há, será desnudada (2Pe 3.10). Esse é um aviso do julgamento final de Deus sobre o mundo. As palavras de Cristo para Sardes são uma promessa de julgamento muito mais específica. Se a igreja não se arrepender e se reformar, ele virá em um momento desconhecido para trazer caos e destruição sobre ela.

Essa mesma ameaça se aplica a todas as igrejas mortas. Se elas não acordarem de seu sono espiritual, fortalecerem seu amor por Deus, lembrarem a verdade de sua Palavra, viverem de modo obediente e se arrependerem de seus pecados, enfrentarão o horror e o terror que Paulo descreveu em 1Tessalonicenses 5.2-3: *pois vocês mesmos sabem perfeitamente que o dia do Senhor virá como ladrão à noite. Quando disserem: 'Paz e segurança,' então, de repente, a destruição virá sobre eles, como dores à mulher grávida; e de modo nenhum escaparão.*

Para aqueles com vestes limpas

O Senhor encerra sua carta a Sardes com um encorajamento ao pequeno grupo remanescente de crentes fiéis: *No entanto, você tem aí em Sardes uns poucos que não contaminaram as suas vestes. Eles andarão comigo, vestidos de branco, pois são dignos* (Ap 3.4). Em meio a essa igreja morta, alguns crentes preciosos não haviam seguido a igreja em seu pecado e decadência espiritual — uns poucos cristãos genuínos entre os hipócritas, alguns separados e espirituais entre os carnais e os mundanos. O Senhor tinha um pequeno remanescente de cristãos verdadeiros, levando uma vida pura, saudável e digna em meio àquela igreja morta e corrupta.

Em Romanos 11.1-5, Paulo relembra a seus leitores que Deus sempre terá um remanescente de seu povo Israel, não importa quão horrível e espiritualmente morta a nação pareça:

> *Pergunto, pois: Acaso Deus rejeitou o seu povo? De maneira nenhuma! Eu mesmo sou israelita, descendente de Abraão, da tribo de Benjamim.*

> *Deus não rejeitou o seu povo, o qual de antemão conheceu. Ou vocês não sabem como Elias clamou a Deus contra Israel, conforme diz a Escritura? 'Senhor, mataram os teus profetas e derrubaram os teus altares; sou o único que sobrou, e agora estão procurando matar-me.' E qual foi a resposta divina? 'Reservei para mim sete mil homens que não dobraram os joelhos diante de Baal.' Assim, hoje também há um remanescente escolhido pela graça.*

Evidentemente, o número de crentes fiéis em Sardes era muito pequeno; eram tão poucos a ponto de não impactar a avaliação do Senhor de que a igreja, como um todo, estava morta. Isso, porém, não significava que o Senhor tinha se esquecido ou havia ignorado aqueles poucos fiéis que continuaram amando a verdade e perseveraram. Como nos lembra o autor de Hebreus, *Deus não é injusto; ele não se esquecerá do trabalho de vocês e do amor que demonstraram por ele, pois ajudaram os santos e continuam a ajudá-los* (Hb 6.10).

O Senhor não se esqueceu de seu povo em Sardes; com efeito, ele mencionou sua fidelidade a cada geração da igreja em sua carta. Ele diz que havia *uns poucos que não contaminaram as suas vestes* (Ap 3.4, grifo do autor). Traduzida literalmente, a palavra (*molunō*) significa manchar ou tingir. Nas Escrituras, as vestimentas são frequentemente usadas para se referir ao caráter espiritual de uma pessoa. Judas 23, por exemplo, descreve a contaminação espiritual de pessoas corrompidas por falsos mestres como *a roupa contaminada pela carne*. Essas vestimentas não contaminadas representam o caráter piedoso e a pureza desses poucos crentes — e isso ainda é mais notável quando se considera a corrupção da igreja.

Cristo diz a respeito desse remanescente fiel: *Eles andarão comigo, vestidos de branco, pois são dignos* (Ap 3.4b). Túnicas brancas, como as que Cristo descreve aqui, eram normalmente usadas em celebrações e festivais, ou depois de vitórias militares. Até mesmo os pagãos vinham adorar seus falsos deuses com roupas brancas e limpas, como um símbolo de sua bondade e virtude. Eles queriam se apresentar dignos do afeto e da boa vontade do ídolo. Essas vestes, porém, não são meramente lavadas neste mundo temporal. Cristo está se referindo às vestes espirituais brilhantes e reluzentes da justiça imputada, cobrindo os crentes que foram purificados pelo seu sacrifício em favor deles. Em Apocalipse 7.14, lemos sobre aqueles que *lavaram as suas vestes e as branquearam no sangue do Cordeiro.*

Essa é a gloriosa verdade do evangelho. Em Romanos 5.19, Paulo diz: *Logo, assim como por meio da desobediência de um só homem muitos foram feitos pecadores, assim também, por meio da obediência de um único homem muitos serão feitos justos.* Assim como fomos feitos pecadores pelo pecado de Adão, fomos feitos justos pela morte de Cristo. Mas como? Paulo fala sobre essa realidade em 2Coríntios 5.21: *Deus tornou pecado por nós aquele que não tinha pecado, para que nele nos tornássemos justiça de Deus.* Na cruz, Deus tratou a Cristo como se ele tivesse vivido a minha vida de pecado, para que ele pudesse me tratar como se eu tivesse vivido a vida de justiça de Cristo. Como novas criaturas em Cristo, estamos cobertos por sua justiça. Quando Deus olha para nós agora, ele vê apenas a santa perfeição de seu Filho.

As imagens de roupas sujas são um fio que atravessa as Escrituras. Porque somos criaturas caídas, irremediavelmente corrompidas pelo nosso próprio pecado, nem mesmo os atos de justiça que praticamos podem cobrir nossos pecados. De fato, *somos como o impuro — todos nós! Todos os nossos atos de justiça são como trapo imundo* (Is 64.6). Mesmo as melhores coisas que fazemos são manchadas pelo pecado. Assim, qualquer pessoa que pensa estar diante de Deus, revestida da "justiça" de suas próprias boas obras, está confiando em uma roupa que está poluída pela carne.

Deus exige justiça *perfeita*. Jesus declarou: *Pois eu lhes digo que se a justiça de vocês não for muito superior à dos fariseus e mestres da lei, de modo nenhum entrarão no Reino dos céus* (Mt 5.20). Quão alto é o padrão? *Sejam perfeitos como perfeito é o Pai celestial de vocês* (v. 48).

Isso impõe um padrão inatingível. Cristo, porém, provê uma justiça perfeita pela imputação para todos os que verdadeiramente confiam nele como Senhor e Salvador. Deus imputa justiça aos crentes à parte de qualquer boa obra que eles façam (Rm 4.6). A justiça de Cristo os cobre como uma vestimenta branca e imaculada de perfeição absoluta. Nas palavras de Isaías 61.10: *Regozija-se a minha alma em meu Deus! Pois ele me vestiu com as vestes da salvação e sobre mim pôs o manto da justiça.* Foi isso que o apóstolo Paulo quis dizer quando declarou que ele havia vindo para ser, pela fé, *encontrado nele, não tendo a minha própria justiça que procede da lei, mas a que vem mediante a fé em Cristo, a justiça que procede de Deus e se baseia na fé* (Fp 3.9).

Posteriormente, o processo de santificação vai progressivamente purificando os crentes para torná-los cada dia mais semelhantes a Cristo. *E todos nós, que com a face descoberta contemplamos a glória do Senhor, segundo a sua imagem, estamos sendo transformados com glória cada vez maior, a qual vem do Senhor, que é o Espírito* (2Co 3.18). Um dia, quando formos nos encontrar com Cristo, ou quando ele voltar para nos tirar deste mundo, nossa glorificação será instantaneamente completa: *Amados, agora somos filhos de Deus, e ainda não se manifestou o que havemos de ser, mas sabemos que, quando ele se manifestar, seremos semelhantes a ele, pois o veremos como ele é* (1Jo 3.2).

João descreve a igreja usando essas vestes na ceia das bodas do Cordeiro: *Regozijemo-nos! Vamos nos alegrar e dar-lhe glória! Pois chegou a hora do casamento do Cordeiro, e a sua noiva já se aprontou. Foi-lhe dado para vestir-se de linho fino, brilhante e puro. O linho fino são os atos justos dos santos* (Ap 19.7–8).

O pequeno remanescente de Sardes não havia caído em impurezas pagãs. Eles não sucumbiram às práticas pecaminosas. Estavam em uma igreja morta, mas permaneciam vivos espiritualmente. E, por sua fidelidade, eles andariam com seu Salvador em santidade eterna.

Contabilidade divina e segurança eterna

Cristo continua esse tema em suas palavras para o público mais amplo de sua carta: *O vencedor será igualmente vestido de branco* (Ap 3.5). Ele promete que os crentes fiéis que perseverarem até o fim serão revestidos por sua justiça e, um dia, serão justificados. Não há ressalvas ou condições aqui; essa é a promessa fiel de Cristo a todos os que vencerem (ver 1Jo 5.4-5) e permanecerem fiéis a ele.

É importante lembrar disso, pois alguns interpretaram erroneamente o restante da declaração de Cristo. O Senhor diz: *Jamais apagarei o seu nome do livro da vida, mas o reconhecerei diante do meu Pai e dos seus anjos* (Ap 3.5). Embora Cristo prometa *não* apagar os nomes de seu povo, alguns dizem que isso *poderia* acontecer, transformando a promessa de Deus em uma ameaça velada. Essa visão errônea usa a passagem de Êxodo 32.33: *Respondeu o Senhor a Moisés: 'Riscarei do meu livro todo aquele que pecar contra mim...'.*

Ocorre que, no mundo antigo, os governantes faziam um censo, um registro de todos os nomes de seus cidadãos. Como cidadão, havia efetivamente duas maneiras pelas quais seu nome poderia ser apagado do livro de registros: você poderia morrer ou poderia cometer um crime contra o Estado e perder a sua cidadania. O livro ao qual o Senhor se referiu em Êxodo era desse tipo — é uma referência à morte física, não à condenação eterna.

Por outro lado, o livro da vida mencionado em Apocalipse é o livro no qual Deus registra aqueles que têm a vida eterna. O apóstolo João refere-se a ele como a lista de nomes *escritos no livro da vida do Cordeiro que foi morto desde a criação do mundo* (Ap 13.8; ver também 17.8). Deus não adiciona e subtrai nomes do livro da vida; os nomes de seus crentes fiéis estão escritos ali por toda a eternidade.

Na visão de João do futuro no grande julgamento do trono branco, vemos o resultado final da promessa de Cristo em manter nossos nomes seguros:

> *Depois vi um grande trono branco e aquele que nele estava assentado. A terra e o céu fugiram da sua presença, e não se encontrou lugar para eles. Vi também os mortos, grandes e pequenos, de pé diante do trono, e livros foram abertos. Outro livro foi aberto, o livro da vida. Os mortos foram julgados de acordo com o que tinham feito, segundo o que estava registrado nos livros. O mar entregou os mortos que nele havia, e a morte e o Hades entregaram os mortos que*

neles havia; e cada um foi julgado de acordo com o que tinha feito. Então a morte e o Hades foram lançados no lago de fogo. O lago de fogo é a segunda morte. Se o nome de alguém não foi encontrado no livro da vida, este foi lançado no lago de fogo (Ap 20.11-15).

Cristo promete a cada um de seus fiéis vencedores: (Eu) o reconhecerei diante do meu Pai e dos seus anjos (Ap 3.5). Esse é o eco de uma promessa que Cristo fez aos seus discípulos em Mateus 10.32: *Portanto, qualquer que me confessar diante dos homens, eu o confessarei diante de meu Pai, que está nos céus*. Não há bênção maior do que a certeza de nossa salvação e de uma eternidade com nosso Salvador.

Em Romanos 8, Paulo relata a cadeia inquebrável da obra de Deus na salvação e a tremenda segurança que desfrutamos nele:

> E sabemos que todas as coisas contribuem juntamente para o bem daqueles que amam a Deus, daqueles que são chamados segundo o seu propósito. Porque os que dantes conheceu também os predestinou para serem conformes à imagem de seu Filho, a fim de que ele seja o primogênito entre muitos irmãos.
>
> E aos que predestinou a estes também chamou; e aos que chamou a estes também justificou; e aos que justificou a estes também glorificou. Que diremos, pois, a estas coisas? Se Deus é por nós, quem será contra nós? Aquele que nem mesmo a seu próprio Filho poupou, antes o entregou por todos nós, como nos não dará também com ele todas as coisas? Quem intentará acusação contra os escolhidos de Deus? É Deus quem os justifica. Quem é que condena? Pois é Cristo quem morreu, ou antes quem ressuscitou dentre os mortos, o qual está à direita de Deus, e também intercede por nós. Quem nos separará do amor de Cristo? A tribulação, ou a angústia, ou a perseguição, ou a fome, ou a nudez, ou o perigo, ou a espada? Como está escrito: Por amor de ti somos entregues à morte todo o dia; somos reputados como ovelhas para o matadouro. Mas em todas estas coisas somos mais do que vencedores, por aquele que nos amou. Porque estou certo de que, nem a morte, nem a vida, nem os anjos, nem os principados, nem as potestades, nem o presente, nem o porvir, nem a altura, nem a

> *profundidade, nem alguma outra criatura nos poderá separar do amor de Deus, que está em Cristo Jesus nosso Senhor.* (Rm 8.28–39).

A carta de Cristo para a igreja morta em Sardes é rica em esperança para os santos. Ele promete vesti-los com as vestes brancas da vida eterna, nunca apagar seus nomes do livro da vida e reconhecê-los pessoalmente diante do Pai e de todo o exército celestial. Essas promessas se estendem a todos os seus amados.

A carta do Senhor para Sardes termina com a mesma advertência para o restante da igreja: *Quem tem ouvidos, ouça o que o Espírito diz às igrejas* (Ap 3.6). Os crentes que ouvirem receberão notícias maravilhosas.

E a história nos diz que a igreja em Sardes estava ouvindo. Houve um pastor fiel e apologista do segundo século chamado Melito. Alguns dizem que ele escreveu o primeiro comentário sobre o livro de Apocalipse. Ele serviu como bispo em Sardes, e isso nos dá motivos para acreditar que o avivamento chegou à igreja considerada morta. Parece que os crentes acordaram, lembraram da verdade que receberam e, muito possivelmente, alguns dos mortos foram reconduzidos à vida espiritual por meio do arrependimento e da fé.

Então, podemos orar para que o Senhor faça obra semelhante e reviva, reforme e restaure muitas outras igrejas que estão mortas hoje.

OITO

A igreja **fiel**: FILADÉLFIA

Não há igrejas perfeitas.

Isso não deveria ser surpresa para os cristãos, mas o choque dessa descoberta acontece com frequência. Se formos honestos a respeito de nossas próprias falhas e defeitos, é fácil admitir que não somos perfeitos; nenhum crente é. Todos nós estamos aquém do padrão de Deus, que é de completa absoluta santidade. E, como um agrupamento de cristãos imperfeitos, a própria igreja também não podia deixar de ser imperfeita.

Ao mesmo tempo, os crentes precisam perceber que também nem sempre existe uma igreja *melhor*. Muitos cristãos têm desenvolvido tendências nômades quando o assunto é igreja. Ficam inquietos, olhando por cima dos muros para tentar enxergar onde a grama parece mais verde. Alguns vivem mudando de igreja, procurando algo que não conseguem encontrar. Talvez seja um estilo diferente de culto, uma música que lhes agrade mais, uma localização mais conveniente ou uma congregação mais nobre e animada. Nem todas as razões são egoístas ou antibíblicas; algumas pessoas simplesmente procuram um pregador mais dinâmico, mais bíblico ou um programa melhor de escola dominical para os filhos.

Porém, a incapacidade (ou a falta de vontade) de muitos cristãos de assumirem um compromisso com uma igreja local e ali permanecerem fiéis tem seu preço. Como um pastor pode desenvolver suas habilidades pastorais se suas ovelhas não permanecem? Como uma igreja pode melhorar sua adoração, programação ou administração se as pessoas que possuem aptidão nessas áreas de ministério continuam saindo e indo para outras igrejas em que esses nichos já estão mais desenvolvidos? Mais cristãos precisam estar dispostos a investir em suas igrejas locais, a procurar maneiras de servir e, mesmo que com sacrifício, a fazer parte da solução, em vez de fugir ao primeiro sinal de problema.

Devemos agradecer porque o Senhor não é inconstante quando se trata da igreja; ele não retém suas bênçãos às que possuem dificuldades e imperfeições. Ele não está interessado apenas nas mais populares e refinadas. Como vemos na carta à igreja em Filadélfia, o que importa para Deus é a *fidelidade*.

A cidade e a igreja

A antiga cidade de Filadélfia ficava cerca de 50 quilômetros a sudeste de Sardes, no vale do rio Cogamis. Fundada menos de duzentos anos antes do nascimento de Cristo, recebeu o nome de Átalo II, o rei de Pérgamo, cuja lealdade ao irmão mais velho e predecessor, o rei Eumenes, lhe valeu o apelido de *Filadelfo* (aquele que ama o irmão).

A cidade era rica em agricultura — particularmente seus vinhedos — graças aos depósitos de cinzas vulcânicas na área. Localizava-se à beira de uma região conhecida como *Katakekaumene* ("terra queimada"). O solo era fértil, mas plantar ali tinha seu preço – a área era propensa a atividades sísmicas voláteis. O mesmo terremoto que arrasou Sardes em 17 d.C. também causou danos significativos em Filadélfia, pois, como estava mais perto do epicentro, sofreu com anos de tremores secundários. Sir William Ramsey explica que a experiência deixou a cidade ressabiada e traumatizada:

> Muitos dos habitantes permaneceram fora da cidade, morando em cabanas e abrigos ao longo do vale, porém, os mais imprudentes (pensando de forma consciente), que insistiram em permanecer na cidade, construíram vários dispositivos para apoiar e fortalecer as paredes das casas contra os tremores recorrentes. A lembrança desse desastre durou muito tempo; o próprio nome *Katakekaumene* tornou-se uma

lembrança perpétua; as pessoas viviam em meio à ameaça sempre presente e ao perigo iminente, sempre com medo de um novo desastre; e a tendência de buscar refúgio em outros lugares provavelmente ainda não desaparecera quando as Sete Cartas foram escritas.[1]

Situada ao longo de uma importante rota comercial, Filadélfia foi fundada como um polo da cultura grega e do helenismo na Ásia Menor. Provou-se tão influente que o idioma grego substituiu a língua lídia em 19 d.C. A cidade também se mostrou muito fiel a Roma. Assim como Sardes, Filadélfia também abrigava um templo construído em homenagem ao imperador Tibério — em agradecimento à ajuda recebida de Roma por ocasião da reconstrução da cidade, após o terremoto. Filadélfia, no entanto, superou-se em devoção, chegando até a mudar seu nome para Neocaesarea ("Nova Cidade de César") a fim de demonstrar sua gratidão cívica. Esse novo nome durou alguns anos. Hoje o nome dela é Alasehir e faz parte da Turquia.

As Escrituras não nos dizem muito sobre a igreja de Filadélfia. Como as outras igrejas na Ásia Menor ela, muito provavelmente, foi fundada durante o ministério de Paulo em Éfeso (ver At 19.10). Sabemos que Inácio, um dos pais da igreja primitiva, visitou os crentes de Filadélfia a caminho de sua execução em Roma. Mais tarde, ele escreveu sua carta aos filadelfianos para encorajar e fortalecer a igreja. A tradição nos diz que alguns cristãos de Filadélfia foram martirizados em Esmirna ao lado de Policarpo. Sabe-se, também, que a igreja manteve presença em Filadélfia durante muitos séculos. Acredita-se que ela tenha desaparecido no século 14, bem depois de a influência islamita ter dominado a região.

Cristo em toda sua majestade

Semelhantemente à carta à igreja de Esmirna, as palavras do Senhor aos fiéis de Filadélfia não contêm repreensão ou condenação. Não há

---

[1] RAMSEY, William M. *The letters to the seven churches of Asia* (As cartas às sete igrejas da Ásia). London: Hodder e Stoughton, 1906, p. 397.

ameaças nem avisos de julgamento. A carta não faz críticas de nenhum tipo. Em vez disso, há uma nota de louvor e elogio a essa pequena igreja fiel, bem como algumas promessas de bênçãos divinas.

Em seu exílio na Ilha de Patmos, o apóstolo João escreveu sob a inspiração divina do Senhor. Para identificar sua autoria da carta, Cristo descreve a si mesmo: *Isto diz o que é santo, o que é verdadeiro, o que tem a chave de Davi; o que abre, e ninguém fecha; e fecha, e ninguém abre* (Ap 3.7). Esta é a primeira vez, na abertura de uma carta, que Cristo não remete à visão inicial de João em Apocalipse 1.12–17. Em vez disso, ele se utiliza de frases e imagens do Antigo Testamento para afirmar sua divindade e descrever sua relação com a igreja de Filadélfia.

A expressão *o que é santo* pode se referir somente a Deus. A santidade descreve a total separação de Deus do pecado; significa sua imaculada perfeição. Nas Escrituras, a santidade de Deus é consistentemente afirmada e louvada. O salmista escreve: *E eu te louvarei com a lira por tua fidelidade, ó meu Deus; cantarei louvores a ti com a harpa, ó santo de Israel* (Sl 71.22). Na visão do profeta Isaías, os anjos invocam: *Santo, santo, santo é o Senhor dos exércitos, a terra inteira está cheia da sua glória* (Is 6.3). Os quatro seres viventes na sala do trono celestial proclamam perpetuamente: *Santo, santo, santo é o Senhor, o Deus Todo-poderoso, que era, que é e que há de vir* (Ap 4.8).

No Novo Testamento, as referências à santidade de Cristo estão frequentemente conectadas ao seu papel como Messias. O anjo que anunciou seu nascimento para Maria disse: *será chamado santo, Filho de Deus* (Lc 1.35). No início do ministério de Cristo, um demônio, com pavor, gritou em sua presença: *O que queres conosco, Jesus de Nazaré? Vieste para nos destruir? Sei quem tu és: o santo de Deus!* (Mc 1.24). Os discípulos também afirmaram a santidade de Cristo. Pedro disse: *Nós cremos e sabemos que és o santo de Deus* (Jo 6.69). Em seu sermão em Atos 3, Pedro repreendeu aqueles que haviam pedido a crucificação de Cristo, dizendo: *Vocês negaram publicamente o santo e justo e pediram que lhes fosse libertado um assassino* (v. 14).

Cristo, ao declarar sua santidade em Apocalipse 3, afirma tanto sua divindade como o Filho de Deus quanto sua humanidade como o Messias. Ele é um em caráter e natureza com o Pai, e isso implica seu papel como Salvador encarnado para os crentes em Filadélfia.

Essa introdução poderia ter sido assustadora, porque a santidade não tolera o pecado. A santidade não pode ignorar o mal ou a iniquidade. 1Pedro 1.15 traz uma ordem à igreja: *Mas, assim como é santo aquele que os chamou, sejam santos vocês também em tudo o que fizerem.* E esse não foi o prelúdio a um julgamento. Ao contrário, foi o próprio santo falando bem a respeito da igreja de Filadélfia.

Além de sua santidade, Cristo escreve que ele é verdadeiro (Ap 3.7). A palavra grega aqui (*alēthinos*) não se refere a alguma afirmação verdadeira, mas sim a uma pessoa verdadeira, autêntica, em oposição a alguém que é uma fraude. Ele fala sobre sua pureza, fidelidade, credibilidade, confiabilidade e genuinidade. Ele é o verdadeiro Deus, não um deus falso. Ele é o Senhor santo e genuíno, perfeito em retidão e verdadeiro em seu caráter e em tudo o que diz. Mais uma vez, é notável que ele se apresente dessa maneira e que não haja nenhuma condenação em seguida. Ele é o verdadeiro Deus, em quem não há lugar para erros ou falsidades, e ele não repreende essa igreja de Filadélfia.

Continuando no versículo 7, Cristo ainda se identifica como aquele *que tem a chave de Davi. O que ele abre ninguém pode fechar, e o que ele fecha ninguém pode abrir.* Na Palavra de Deus, as chaves representam autoridade, controle e soberania. A linguagem aqui é uma referência direta a Isaías 22.22 e à autoridade confiada ao mordomo do rei, Eliaquim: *Porei sobre os ombros dele a chave do reino de Davi; o que ele abrir ninguém conseguirá fechar, e o que ele fechar ninguém conseguirá abrir.*

Como mordomo, Eliaquim determinava quem seria e quem não seria admitido na presença do rei. Ele também controlava o acesso ao tesouro real e tinha autoridade para liberar suas riquezas.

No que se refere a Cristo, esta é uma indicação de sua autoridade absoluta, especialmente no que diz respeito ao seu reino messiânico.

Como Pedro declarou em Atos 4.12: *Não há salvação em nenhum outro, pois, debaixo do céu não há nenhum outro nome dado aos homens pelo qual devamos ser salvos.* Somente Cristo determina quem ganha acesso ao seu reino eterno. Ele é a suprema autoridade sobre as riquezas do céu e as libera de acordo com a sua soberana vontade.

Anteriormente, em Apocalipse 1.18, o Senhor lembrou ao apóstolo João: *tenho as chaves da morte e do Hades*. Ambas as imagens ilustram a autoridade soberana de Cristo sobre a bênção eterna e o julgamento eterno. Como Cristo disse aos seus discípulos: *Eu sou o caminho, a verdade e a vida. Ninguém vem ao Pai a não ser por mim* (Jo 14.6).

E assim é o Senhor Jesus Cristo em toda a sua majestade. Ele é santo e é um com o pai. Ele é verdadeiro e não há outro semelhante a ele. Ele é onisciente, soberano e onipotente, e as chaves para a bênção eterna são somente dele. Este é o Senhor que olha para a igreja de Filadélfia e não encontra nada para repreender, nada para condenar. Isso é maravilhoso, graciosamente encorajador, não porque ela fosse uma igreja perfeita — não era isso —, mas porque ela era fiel. E o Senhor e Cabeça da igreja abençoa a fidelidade.

Quatro qualidades de uma igreja fiel

Cristo fez algumas promessas magníficas aos crentes de Filadélfia. No entanto, antes de considerarmos os frutos de sua fidelidade, veremos primeiramente o que os qualificou como fiéis.

Em Apocalipse 3.8, o Senhor escreve: *Conheço as suas obras... Sei que você tem pouca força, mas guardou a minha palavra e não negou o meu nome*. O santo, soberano e poderoso Senhor sabe tudo o que há para saber sobre essa igreja. Ele não explica, especificamente, o que eles fizeram. Tudo o que sabemos é que o Senhor os aceitava e, em decorrência, temos a declaração de que ele os abençoará. Ele nos dá algumas indicações das características dessa congregação fiel.

Primeiro, ele diz: *Sei que você tem pouca força* (Ap 3.8). Isso não significa que aquela era uma igreja fraca, mas que era formada por poucas pessoas. Seu poder não foi limitado pelo pecado ou pela falta de maturidade espiritual; eles tinham pouca força porque eram uma igreja pequena. Também é possível — e até provável — que a igreja fosse composta por escravos e crentes pobres. Isso se encaixaria com o que Paulo nos diz sobre o desígnio de Deus para a igreja em geral:

> *Irmãos, pensem no que vocês eram quando foram chamados. Poucos eram sábios segundo os padrões humanos; poucos eram poderosos; poucos eram de nobre nascimento. Mas Deus escolheu as coisas loucas do mundo para envergonhar os sábios, e escolheu as coisas fracas do mundo para envergonhar as fortes. Ele escolheu as coisas insignificantes do mundo, as desprezadas e as que nada são, para reduzir a nada as que são, para que ninguém se vanglorie diante dele* (1Co 1.26–29).

De fato, a igreja de Filadélfia poderia dizer confiantemente, como Paulo: *Por isso, por amor de Cristo, regozijo-me nas fraquezas, nos insultos, nas necessidades, nas perseguições, nas angústias. Pois, quando sou fraco é que sou forte* (2Co 12.10).

A igreja era pequena, limitada em número, mas não em poder espiritual. A implicação é que eles eram verdadeiros adoradores, amavam verdadeiramente Cristo e eram fiéis à Palavra de Deus. Isso é reforçado pela próxima característica de sua fidelidade, que veremos a seguir.

O Senhor escreve: *... mas guardou a minha palavra* (Ap 3.8). Eles estavam ligados à revelação divina. Não se desviaram do caminho da obediência ao Senhor. Seguiram o exemplo de Jó, que disse: *Não me afastei dos mandamentos dos seus lábios; dei mais valor às palavras de sua boca do que ao meu pão de cada dia* (Jó 23.12).

Antes de ser preso, Cristo enfatizou repetidamente aos discípulos a importância de uma obediência fiel: *Quem tem os meus mandamentos e lhes obedece, esse é o que me ama... Se alguém me ama, guardará a minha palavra... Aquele que não me ama não guarda as minhas palavras* (Jo 14.21, 23–24). Mais tarde naquela noite, ele prometeu: *Se vocês obedecerem aos meus mandamentos, permanecerão no meu amor* (Jo 15.10). Em sua primeira epístola, João apresenta o teste crítico da fé salvadora: *Sabemos que o conhecemos, se obedecemos aos seus mandamentos. Aquele que diz: 'Eu o conheço', mas não obedece aos seus mandamentos, é mentiroso, e a verdade não está nele. Mas, se alguém obedece à sua palavra, nele verdadeiramente o amor de Deus está aperfeiçoado* (1Jo 2.3-5). O amor deles pelo Senhor foi comprovado por sua obediência à sua Palavra.

Eles também se distinguiram por sua lealdade. Cristo diz que a igreja de Filadélfia *não negou o meu nome* (Ap 3.8), implicando que eles estavam recebendo algum tipo de pressão para fazê-lo. A igreja em Pérgamo foi igualmente elogiada por sua lealdade a Cristo: *Sei onde você vive, onde está o trono de Satanás. Contudo, você permanece fiel ao meu nome e não renunciou à sua fé em mim, nem mesmo quando Antipas, minha fiel testemunha, foi morto nessa cidade, onde Satanás habita* (Ap 2.13). As duas igrejas enfrentaram a ameaça da perseguição, mas se recusaram a negar o nome do Senhor. Elas eram leais, independentemente de quanto essa lealdade lhes custasse. Ao descrever os crentes que durante a tribulação se recusarão a receber a marca da besta, João diz: *Aqui está a perseverança dos santos que obedecem aos mandamentos de Deus e permanecem fiéis a Jesus* (Ap 14.12). Os crentes de Filadélfia não foram intimidados pela perseguição. Eles permaneceram fiéis a Cristo, não importando o preço.

Finalmente, o Senhor diz que a igreja de Filadélfia foi caracterizada pela resistência. Apocalipse 3.10 registra o elogio que Jesus lhes fez: *você guardou a minha palavra de exortação à perseverança*. Isso também indica que a igreja estava enfrentando perseguição. E a perseguição não é exclusiva daquela igreja em particular; ela ocorre na vida de todo cristão. Em Mateus 10.22, Jesus advertiu os discípulos: *Todos odiarão vocês por minha causa, mas aquele que perseverar até o fim será salvo* (ver também Mt 24.13). Cristo ordena que seu povo resista fielmente à intensa hostilidade do mundo. Como encorajamento a essa luta constante, Paulo escreveu à outra igreja: *O Senhor conduza os seus corações ao amor de Deus e à perseverança de Cristo* (2Ts 3.5). Esses cristãos fiéis suportaram pacientemente provações e perseguições e nunca titubearam em seu compromisso com Cristo.

Os cristãos fiéis da igreja de Filadélfia agiram da mesma forma. O poder do Espírito Santo agia neles e através deles. Eles obedeceram à Palavra de Deus, foram leais a Cristo em meio à perseguição, suportaram provações e hostilidades e, mesmo diante de tudo isso, provaram seu amor a Cristo. Essas foram as qualidades que, juntas, resultaram na fidelidade da igreja em Filadélfia. Podemos, então, afirmar que essas também são as qualidades que toda igreja deve cultivar se quiser ser reconhecida pelo Senhor como uma igreja fiel.

Compromissos divinos

Por causa de seu poder, obediência, lealdade e perseverança, a igreja de Filadélfia recebeu privilégios incomparáveis. Vemos o primeiro desses compromissos divinos em Apocalipse 3.8: *Conheço as suas obras. Eis que coloquei diante de você uma porta aberta que ninguém pode fechar. Sei que você tem pouca força, mas guardou a minha palavra e não negou o meu nome.* Isso corrobora o que o Senhor diz sobre si mesmo no versículo 7 — que ele é o único *que tem a chave de Davi. O que ele abre ninguém pode fechar, e o que ele fecha ninguém pode abrir.* Essa foi uma referência ao seu controle soberano sobre a entrada ao seu reino celestial. Como extensão dessa ideia, vemos a promessa de que ninguém pode excluí-los do céu, e sua salvação está segura em Cristo. Sob o peso esmagador da perseguição, não há maior conforto do que a certeza da fé e, consequentemente, a certeza da eternidade que está segura nas onipotentes mãos do nosso Senhor. O próprio Cristo abre a porta para seu povo entrar nas bênçãos do seu céu, e não existe nenhuma outra força que possa fechá-la.

Há, provavelmente, outra implicação para essa promessa. Cristo abriu a porta do céu não só para os filadelfianos fiéis; ele abriu a porta para que eles também conduzissem outros ao reino. Cristo está falando sobre a oportunidade do evangelho com a qual ele os abençoou. Nas epístolas paulinas, a expressão "porta aberta" é frequentemente utilizada para representar uma oportunidade evangelística. Paulo usou a expressão em ambas as cartas aos coríntios. *Mas permanecerei em*

Éfeso até o Pentecoste, porque se abriu para mim uma porta ampla e promissora; e há muitos adversários (1Co 16.8–9). *Quando cheguei a Trôade para pregar o evangelho de Cristo e vi que o Senhor me havia aberto uma porta...* (2Co 2.12). Ele usou isso novamente em Colossenses 4.2–3: *Dediquem-se à oração, estejam alertas e sejam agradecidos. Ao mesmo tempo, orem também por nós, para que Deus abra uma porta para a nossa mensagem.*

Sem sombra de dúvida, a pequena igreja de Filadélfia tinha uma porta aberta, com as pessoas que passavam constantemente pela cidade, enquanto viajavam pelas antigas rotas comerciais. A cidade já havia tido forte influência na região com a língua e a cultura gregas. Da mesma forma, aquela igreja tinha oportunidades estratégicas para alcançar a Ásia Menor com o evangelho. Sua fidelidade seria recompensada com oportunidades para que o evangelho fosse transmitido aos incrédulos. Eles desfrutariam o privilégio de serem usados por Deus para levar outros ao reino de seu amado Filho.

O Senhor lhes dá uma segunda promessa em Apocalipse 3.9: *Vejam o que farei com aqueles que são sinagoga de Satanás e que se dizem judeus e não são, mas são mentirosos. Farei que se prostrem aos seus pés e reconheçam que eu amei você.* Cristo já tinha se referido à sinagoga de Satanás em sua carta à igreja de Esmirna (Ap 2.9). Como os crentes de lá, a igreja de Filadélfia também enfrentou forte oposição dos judeus locais. Ao longo do Novo Testamento, vemos os líderes religiosos de Israel tentando impedir a propagação do evangelho. Eles odiavam Cristo e qualquer pessoa que o aceitasse como Messias. Ao se oporem ao evangelho, estavam fazendo o trabalho do diabo. Cristo os confrontou no evangelho de João: *Vocês estão fazendo as obras do pai de vocês... o pai de vocês, o diabo...* (Jo 8.41, 44). Já vimos como os apóstolos foram perseguidos por eles no início da igreja. E aqui, ao final do primeiro século, a relação não havia melhorado.

Cristo diz que esses perseguidores afirmam serem judeus, mas mentem. Paulo fez declarações semelhantes em Romanos: *Não é judeu quem o é apenas exteriormente, nem é circuncisão a que é meramente exterior* e física. Não! Judeu é quem o é interiormente, e circuncisão é a operada no coração, pelo Espírito, e não pela lei escrita. Para estes o louvor não provém dos homens, mas de Deus (2.28–29). Ser judeu de cultura e raça não tinha valor salvífico para esses adversários do evangelho. Seguir a lei cerimonial não alterou o fato de que eles haviam rejeitado Cristo. Eles eram descendentes físicos de Abraão, mas não eram o povo de Deus. Como Paulo resumidamente coloca: *Porque nem todos os que são de Israel são israelitas...* (Rm 9.6, ARIB).

Surpreendentemente, Cristo prometeu à igreja de Filadélfia: *Farei que se prostrem aos seus pés e reconheçam que eu amei você* (Ap 3.9). Essa postura é de um inimigo humilhado e derrotado, e é exatamente isso que diz essa promessa. Isaías profetiza, repetidamente, uma humilhação semelhante para os inimigos de Deus no futuro reino messiânico:

> *Os produtos do Egito e as mercadorias da Etiópia, e aqueles altos sabeus, passarão para o seu lado e lhe pertencerão, ó Jerusalém; eles a seguirão, acorrentados, passarão para o seu lado. Eles se inclinarão diante de vocês e implorarão a você, dizendo: 'Certamente Deus está com você, e não há outro; não há nenhum outro Deus'* (Is 45.14).

> *Reis serão os seus padrastos, e suas rainhas serão as suas amas de leite. Eles se inclinarão diante de você, com o rosto em terra; lamberão o pó dos seus pés. Então você saberá que eu sou o Senhor; aqueles que esperam em mim não ficarão decepcionados* (Is 49.23).

> *Os filhos dos seus opressores virão e se inclinarão diante de você; todos os que a desprezam se curvarão aos seus pés e a chamarão cidade do Senhor, Sião do santo de Israel* (Is 60.14).

Essa promessa não implica apenas que os cristãos de Filadélfia prevalecerão sobre seus perseguidores. Ela vai mais além, pois promete que alguns de seus perseguidores um dia também abraçarão a salvação pela fé no Cristo ao qual se opuseram. Eles serão humilhados perante a igreja, porque entenderão que o amor de Deus não se limita a Israel. Reconhecerão que não há outro nome pelo qual devam ser salvos e depositarão sua confiança somente em Cristo. Esta é uma antevisão do dia em que *todo o Israel será salvo* (Rm 11.26). Zacarias registra que o Senhor disse: *E derramarei sobre a família de Davi e sobre os habitantes de Jerusalém um espírito de ação de graças e de súplicas. Olharão para mim, aquele a quem traspassaram, e chorarão por ele como quem chora a perda de um filho único, e lamentarão amargamente por ele como quem lamenta a perda do filho mais velho* (Zc 12.10). Os crentes de Filadélfia suportavam o desprezo dos judeus, sabendo que, em pouco tempo, alguns de seus perseguidores seriam também crentes no Senhor.

Libertação para toda a igreja

Cristo faz uma terceira promessa em sua carta à Filadélfia. Ele diz: *Visto que você guardou a minha palavra de exortação à perseverança, eu também o guardarei da hora da provação que está para vir sobre todo o mundo, para pôr à prova os que habitam na terra. Venho em breve!* (Ap 3.10–11). Se essa promessa se refere a um evento histórico real, não sabemos o que pode ter sido. É muito possível que tenha havido uma onda de perseguição, um desastre natural na área, ou alguma outra catástrofe durante a qual o Senhor tenha protegido e preservado essa igreja. Se essa promessa foi para algum momento específico de provação para a igreja de Filadélfia, não sabemos quando ocorreu nem o que aconteceu.

No entanto, a linguagem que Cristo utiliza aqui é ampla e abrangente, apontando para um cumprimento além dos crentes na Filadélfia. Muitos acreditam que se trata do Espírito Santo dando um olhar através da história redentora, para um momento severo de julgamento, e que as palavras do Senhor aqui se referem ao arrebatamento.

Em 1Coríntios 15.51–53, Paulo descreve esse evento futuro, quando Cristo levará sua igreja da terra para o céu: *Eis que eu lhes digo um mistério: nem todos dormiremos, mas todos seremos transformados, num momento, num abrir e fechar de olhos, ao som da última trombeta.*

Pois a trombeta soará, os mortos ressuscitarão incorruptíveis e nós seremos transformados. Pois é necessário que aquilo que é corruptível se revista de incorruptibilidade, e aquilo que é mortal, se revista de imortalidade. No cenáculo, Cristo disse a seus discípulos: 'Não se perturbe o coração de vocês. Creiam em Deus; creiam também em mim. Na casa de meu Pai há muitos aposentos; se não fosse assim, eu lhes teria dito. Vou preparar-lhes lugar. E se eu for e lhes preparar lugar, voltarei e os levarei para mim, para que vocês estejam onde eu estiver. Vocês conhecem o caminho para onde vou' (Jo 14.1–4).

Ambas as passagens descrevem não um evento de julgamento, mas Cristo retirando seu povo do mundo e levando-o para a glória — o arrebatamento dos santos. Em 1Tessalonicenses 4.13–18, Paulo descreve esse evento como um encorajamento para aqueles que choram a morte de outros crentes:

> *Irmãos, não queremos que vocês sejam ignorantes quanto aos que dormem, para que não se entristeçam como os outros que não têm esperança. Se cremos que Jesus morreu e ressurgiu, cremos também que Deus trará, mediante Jesus e juntamente com ele, aqueles que nele dormiram. Dizemos a vocês, pela palavra do Senhor, que nós, os que estivermos vivos, os que ficarmos até a vinda do Senhor, certamente não precederemos os que dormem. Pois, dada a ordem, com a voz do arcanjo e o ressoar da trombeta de Deus, o próprio Senhor descerá do céu, e os mortos em Cristo ressuscitarão primeiro. Depois disso, os que estivermos vivos seremos arrebatados juntamente com eles nas nuvens, para o encontro com o Senhor nos ares. E assim estaremos com o Senhor para sempre. Consolem-se uns aos outros com estas palavras.*

Embora seja incontestável nas Escrituras que o arrebatamento ocorrerá, os crentes, ao longo do tempo, estão divididos em relação a quando isso acontecerá, em relação a outros eventos escatológicos — especificamente, o tempo da tribulação. Em Mateus 24.21, Cristo adverte os discípulos: *Porque haverá então grande tribulação, como nunca houve desde o princípio do mundo até agora, nem jamais haverá*. A tribulação é um período de sete anos, marcado pelo reinado do Anticristo e uma série de juízos cataclísmicos derramados por Deus, incluindo os selos, as trombetas e as taças (Ap 6 a 16). Esse é o período da história escatológica que precede imediatamente o retorno do Senhor para julgar os pecadores com a morte e o inferno, e então estabelecer o seu reino milenar na terra.

Sobre quando ocorrerá o arrebatamento em relação à tribulação, há várias opiniões, formuladas ao longo do tempo. Alguns acreditam no *pós-tribulacionismo* — que a igreja passará pela tribulação e será arrebatada do mundo imediatamente antes do retorno do Senhor para o julgamento do mundo e para estabelecer seu reino terreno com os crentes vivos. Outros acreditam no *mesotribulacionismo* — que o Senhor arrebatará sua igreja no meio da tribulação, antes que a plenitude da ira de Deus seja derramada nos últimos três anos e meio. Há também a visão da *pré-ira*, que aponta para um arrebatamento algum tempo após a metade da tribulação, mas antes do derramamento final da ira de Deus no final da tribulação. A outra visão, para a qual Apocalipse 3.10 é utilizado como um suporte, é conhecida como *pré-tribulacionismo*.

Nessa visão, as palavras de Cristo no versículo 10 são uma promessa de que ele resgatará sua igreja inteira da "hora da provação que está para vir sobre todo o mundo, para pôr à prova os que habitam na terra" (a tribulação). A expressão principal no grego original é *tēreō ek* ("guardar de"). Os pré-tribulacionistas veem isso como uma promessa de que Deus poupará a igreja de sua ira, mantendo-a longe dela (ver 1Ts 1.9–10). Os partidários das outras posições, no entanto, interpretam essa passagem como uma promessa de que Deus preservará sua igreja *por meio do* arrebatamento — ou pelo menos partes dela. Existem algumas razões convincentes para entender Apocalipse 3.10 a partir da perspectiva pré-tribulacionista.

Em primeiro lugar, a única outra vez em que a expressão grega *tēreō ek* aparece nas Escrituras é em João 17.15. Durante sua Oração Sacerdotal, o Senhor diz: *Não peço que os tires do mundo, e sim que os guardes do mal* (ARA). Cristo não orou para que seu povo simplesmente suportasse as garras do poder de Satanás, mas para que eles fossem completamente livres dele. Em ambos os casos, João é o autor citando exatamente o que Cristo falou. Não há razão convincente para entendê-los com dois significados diferentes.

Há, também, as implicações de interpretar as passagens como uma promessa de preservação, e não de remoção. Para começar, as Escrituras dizem que os crentes durante a tribulação sofrerão e serão mortos por sua fé (ver Ap 6.9-11; 7.9-14). Como, então, a igreja estaria sendo preservada pelo Senhor desse tempo de provação, se eles serão mortos e submetidos aos horrores desse período? Se for apenas uma promessa de proteção contra sua própria ira — mas não contra a ira de Satanás, os demônios do inferno, o anticristo e o sistema mundial impenitente —, isso não parece ser um grande conforto. Além disso, se a intenção aqui é de ele simplesmente preservar a igreja *através* da tribulação, como suas palavras se aplicam aos crentes de Filadélfia, que morreram muito antes que esse tempo chegasse?

A compreensão mais aceitável de Apocalipse 3.10 é interpretá-lo como uma promessa graciosa do Senhor à sua igreja fiel – que, por sua perseverança em obedecer-lhe, será poupada da fúria de seu julgamento temporal derramado sobre a terra durante a tribulação.

Nesse sentido, suas palavras no versículo 11 — *Venho sem demora* — não são uma advertência de julgamento, como foram para as outras igrejas (Ap 2.5, 16, 25; 3.3). Pelo contrário, elas encerram uma esperança pois se cumprirão quando ele retirar os seus deste mundo. E nós, então, devemos responder a essa gloriosa esperança com a mesma emoção das últimas palavras de João ao encerrar o livro de Apocalipse: *Ora vem, Senhor Jesus!* (22.20).

A coroa e a coluna

Nesse meio tempo, Cristo adverte o seu povo: *guarda o que tens, para que ninguém tome a tua coroa* (Ap 3.11). Esse *guarda o que tens* é uma exortação para perseverarmos. Já vimos que a perseverança é o teste da fé genuína e da salvação (Mt 24.13; 1Jo 2.19). Mas a perseverança não é passiva. Em sua carta aos colossenses, Paulo explica como o Senhor trabalha através da fé de seu povo a fim de preservá-los para a eternidade: *agora contudo vos reconciliou no corpo da sua carne, pela morte, a fim de perante ele vos apresentar santos, sem defeito e irrepreensíveis, se é que permaneceis na fé, fundados e firmes, não vos deixando apartar da esperança do evangelho que ouvistes...* (Cl 1.22–23). Devemos nos agarrar a Cristo, ao mesmo tempo que ele nos segura.

A expressão *para que ninguém tome a sua coroa* não é uma ameaça, como se alguém pudesse roubar a salvação do crente. Pedro escreve que a nossa herança eterna *jamais poderá perecer, macular-se ou perder o seu valor* (1Pe 1.4). Como o próprio Cristo disse: *Eu lhes dou a vida eterna, e elas jamais perecerão; ninguém as poderá arrancar da minha mão. Meu Pai, que as deu para mim, é maior do que todos; ninguém as pode arrancar da mão de meu Pai* (Jo 10.28–29). Se isso é uma referência à coroa da vida — a mesma que ele prometeu à igreja de Esmirna —, não há nada que alguém possa fazer para roubá-la. Ela só não poderá ser recebida se o crente não perseverar, revelando assim que nunca foi verdadeiramente salvo (ver 1Jo 2.19).

Por outro lado, isso pode ser uma advertência para os crentes não permitirem que outros danifiquem ou diminuam sua recompensa eterna. Como João exortou os leitores em sua segunda epístola: *Tenham cuidado, para que vocês não destruam o fruto do nosso trabalho, antes sejam recompensados plenamente* (2Jo 8). Talvez esse tenha sido um lembrete para que as preocupações temporais não roubem os crentes da eterna recompensa por sua fidelidade.

Ainda no tema das recompensas eternas, Cristo tem algumas promessas para aqueles que vencerem (ver 1Jo 5.4–5). Ele escreve: *Farei do vencedor uma coluna no santuário do meu Deus, e dali ele jamais sairá. Escreverei nele o nome do meu Deus e o nome da cidade do meu Deus, a nova Jerusalém, que desce do céu da parte de Deus; e também escreverei nele o meu novo nome* (Ap 3.12).

O que significa ser *uma coluna no santuário do meu Deus*? As colunas representam permanência e estabilidade. Para as pessoas cujas casas e vidas eram frequentemente devastadas por terremotos, essa promessa era de um lugar inabalável e irremovível no eterno santuário do Senhor *e dali ele jamais sairá.* Eles viverão eternamente na presença e adoração a Deus.

Ainda há mais. Cristo também promete: *Escreverei nele o nome do meu Deus.* Isso é o equivalente à propriedade e possessão. Por toda a eternidade, levaremos o nome de nosso Senhor, que nos marcará como seus preciosos filhos. Cristo diz que também escreverá sobre nós o *nome da cidade de meu Deus, a nova Jerusalém, que desce do céu da parte de Deus.* Não seremos designados apenas como pertencentes a Deus, mas também marcados como cidadãos eternos da nova Jerusalém (ver Ap 21). Desfrutaremos, para sempre, de todos os direitos e privilégios de cidadania na cidade eterna de Deus.

Finalmente, Cristo diz que ele escreverá sobre nós seu "novo nome." Filipenses 2.9 registra: *Por isso Deus o exaltou à mais alta posição e lhe deu o nome que está acima de todo nome.* O novo nome de Cristo refletirá a perfeição de nosso relacionamento glorificado com ele, quando o *veremos como ele é* (1Jo 3.2).

O Senhor encerra com o conhecido lembrete: *Aquele que tem ouvidos, ouça o que o Espírito diz às igrejas* (Ap 3.13). No caso de sua carta para a igreja de Filadélfia, o que vemos são bênçãos eternas e privilégios celestiais que o Senhor concederá não àqueles que foram perfeitos, mas àqueles que, pelo seu poder, permaneceram fiéis.

NOVE

A igreja **morna**: LAODICEIA

Quem é a pessoa mais difícil de ser alcançada com o evangelho?

É o ateu? Realmente, não é fácil pregar o evangelho a alguém que rejeita a existência de Deus, juntamente com sua lei moral, soberania sobre a criação e autoridade para punir o pecado. Convencer o ateu de que existe um Deus e de que a sua lei se aplica também a ele é definitivamente uma batalha difícil.

Ou é o religioso carola? Alguém imerso em falsos ensinos, treinado na apologética de sua fé e preparado para debater e defender-se contra a verdade do evangelho. É extremamente difícil penetrar décadas de falsa religião para fazer brilhar a luz da verdade de Deus em um coração dedicado à escuridão espiritual.

Mas será que o adversário mais difícil do evangelho não é o agnóstico pós-moderno? Devido à sua visão de mundo distorcida que rejeita a própria noção de uma verdade estável, objetiva, autoritária e cognoscível, quase não existe uma base filosófica comum suficiente para iniciar uma conversa com pessoas assim. As oportunidades do evangelho são poucas e distantes, com opositores leais à verdade absoluta.

No entanto, há um tipo de incrédulo ainda mais difícil de ser alcançado com o evangelho. Ele é mais resistente do que qualquer refutador sincero e declarado da Palavra de Deus; ele é como o fariseu hipócrita que acredita que não precisa do evangelho. Ele acha que, devido à sua religião ou moralidade, já está do lado de Deus. Nada é mais espiritualmente mortal do que uma falsa certeza de salvação. Nada deixa um pecador mais resistente para o trabalho do Espírito Santo através de sua consciência do que a suposição errônea de que seus pecados já foram perdoados.

A igreja hoje está repleta de homens e mulheres que nunca se arrependeram nem creram no Senhor, mas estão convencidos de que se acertaram com Deus e não receberão o seu julgamento. Algumas dessas pessoas recebem o ensinamento da Palavra de Deus semana após semana, mas estão indiferentes à sua verdade e desconhecem a verdadeira condição de seu coração. Elas não acreditam que estão perdidas em seus pecados. Não há muito o que você possa dizer, ou fazer, para convencê-las de sua necessidade do Salvador.

Como veremos, esse era o estado da igreja em Laodiceia. A respeito da última carta do Senhor às igrejas de Apocalipse, John Stott escreveu: "Talvez nenhuma das sete cartas seja mais apropriada para a igreja do século 20 do que essa. Ela descreve de forma vívida a religiosidade respeitável, emotiva, nominal e epidérmica tão difundida entre nós hoje. Nosso cristianismo é flácido e anêmico. Parecemos ter tomado um banho morno de religião."[1]

O fato é que a maioria de nós passa todos os dias por "igrejas laodicences" — igrejas vazias de santos, mas cheias de pecadores autoenganados, que são totalmente alheios à ameaça do julgamento de Deus. Esses homens e mulheres não têm esperança do céu. Sua atividade religiosa é uma hipocrisia inútil. Eles precisam ser chamados a se arrependerem e crerem. A carta final de Cristo é um poderoso lembrete de que há um vasto e difícil campo missionário escondido nos visíveis bancos das igrejas.

Não beba a água

Fundada mais de 250 anos antes do nascimento de Cristo, Laodiceia era a última cidade ao longo da antiga rota postal da Ásia Menor, e

---

[1] STOTT, John R. W. *What Christ thinks of the church* (O que Cristo pensa da Igreja). Grand Rapids: Eerdmans, 1980, p. 116.

uma das três cidades do vale do rio Lico, juntamente com Hierápolis (10 quilômetros ao norte) e Colossos (16 quilômetros a leste). Ficava cerca de 75 quilômetros a sudeste de Filadélfia. Foi fundada por Antíoco II e batizada com o nome de sua esposa (de quem mais tarde ele se divorciou). Laodiceia ficava na junção de duas rotas comerciais importantes. A estrada que ia de norte ao sul ligava Pérgamo ao mar Mediterrâneo. A estrada que se estendia de leste a oeste chegava de Éfeso às regiões interiores da Ásia Menor.

Como resultado, Laodiceia foi um importante centro de comércio e de negócios. A cidade se especializou na produção de uma lã preta e macia, utilizada para confeccionar roupas e tapetes luxuosos. Os historiadores afirmam que Laodiceia era uma cidade rica, próspera e operava como centro de operações bancárias para toda a região. Ao contrário de muitas comunidades vizinhas, depois do terremoto ocorrido em 60 d.C., os moradores se recusaram a receber ajuda de Roma para reconstruir a cidade, assumindo eles mesmos os consideráveis custos da reconstrução. O historiador romano Tácito escreveu: "Uma das famosas cidades da Ásia, Laodiceia, foi naquele mesmo ano destruída por um terremoto e, sem nenhuma ajuda nossa, reergueu-se com seus próprios recursos."[2]. A cidade também era líder na medicina antiga. Uma escola de medicina local desenvolveu um colírio para os olhos que era vendido em todo o mundo greco-romano. Todas essas três indústrias notáveis aparecem brevemente na carta de Cristo a essa igreja.

Apesar da riqueza e proeminência da cidade, ela apresentava uma falha significativa e desconcertante em relação ao suprimento de água. Hierápolis, porém, era uma cidade vizinha e conhecida em toda a região por suas fontes termais naturais. Ela permanece uma atração turística até hoje. Colossos, outra cidade vizinha, já apresentava um fluxo natural perene e frio. As fontes de água mais próximas de Laodiceia eram muito poluídas ou instáveis. Para tentar resolver o problema, eles construíram

---

[2] CHURCH, Alfred John, BRODRIBB, William Jackson (trans.) *Annals of Tacitus* (Anais de Tacitus), xiv: 27. New York: Macmillan, 1895, p. 268.

um aqueduto subterrâneo que fornecia água para a cidade. Só que viajar pelo menos 8 quilômetros através de canos de pedra e barro tornava a água muito suja, o que era bastante desagradável. A água, provavelmente, chegava ao reservatório central da cidade morna e suja, cheirando mal e com um sabor ainda pior. Das ruínas que restaram, fica evidente que a água continha quantidades significativas de carbonato de cálcio e outras impurezas. (Essas ruínas estão localizadas na vila de Eskihisar, perto da cidade de Denizli, na Turquia.)

Sabemos também que a cidade abrigava uma grande população judaica. Em 62 a.C., o governador Flaco parou de exportar o ouro da cidade. No entanto, os judeus sempre pagavam o imposto do templo de Jerusalém com o ouro (em siclos) que era coletado em toda a cidade e enviado de uma só vez. Quando tentaram desafiar essa ordem e manter o ouro em segredo, o metal foi confiscado. A quantidade apreendida indica que havia milhares de famílias judias vivendo na cidade.

> [Flaco] apreendeu como contrabando não menos que 9 quilos de peso em ouro apenas no município que era a capital de Laodiceia. Calculado à taxa de meio-siclo para cada homem, essa soma representava uma população de mais de 11 mil homens livres; as mulheres, as crianças e os escravos eram isentos. Deve ser lembrado, no entanto, que essa é apenas a soma que os oficiais romanos conseguiram detectar e confiscar; e, portanto, toda a população judaica seria provavelmente muito maior do que implica essa estimativa parcial.[3]

Quanto à igreja em Laodiceia, as Escrituras não nos dizem quando ela foi fundada. É provável que tenha sido decorrente do fruto do ministério de Paulo em Éfeso (At 19.10), mas também pode ter sido fundada pelos cristãos da cidade de Colossos, devido à proximidade. Sabemos que ela não foi fundada pelo próprio Paulo, porque ele menciona os crentes em Laodiceia juntamente com *os que ainda não me*

---

[3]LIGHTFOOT, J. B. *Saint Paul's Epistles to the Colossians and to Philemon* (Epístolas de São Paulo aos Colossenses e a Filemon). London: Macmillan, 1879, p. 20-21.

conhecem pessoalmente (Cl 2.1). As Escrituras sugerem que Epafras (Cl 1.7) e Arquipo (4.17) podem, em algum momento, ter sido líderes da igreja. O que sabemos é que havia uma relação entre as igrejas de Colossos e Laodiceia. No final de sua epístola aos colossenses, Paulo escreve: *Saúdem os irmãos de Laodiceia, bem como Ninfa e a igreja que se reúne em sua casa. Depois que esta carta for lida entre vocês, façam que também seja lida na igreja dos laodicenses, e que vocês igualmente leiam a carta de Laodiceia* (4.15–16). É possível que o mesmo falso ensinamento que Paulo abordou em sua carta aos colossenses também tenha penetrado na igreja de Laodiceia com influência letal. Baseado em como o Senhor descreve a si mesmo em sua carta a essa igreja, isso é bastante provável.

Desmascarando a cristologia herética

Em Apocalipse 3.14, o Senhor se identifica como *o amém, a testemunha fiel e verdadeira, o princípio da criação de Deus* (ARIB). Pela segunda vez, Cristo quebra seu padrão de se referir às imagens da visão inicial de João em Patmos (Ap 1.9–20). Na verdade, não há aqui nenhum tipo de imagem. Ele simplesmente diz que é "o amém." A palavra *amém* é frequentemente usada nas Escrituras para afirmar a veracidade de uma declaração. É uma garantia verbal de que o que é dito é verdadeiro. Possui o mesmo significado básico das expressões *em verdade, em verdade* ou *verdadeiramente, verdadeiramente* que aparecem antes de muitas das declarações de Cristo. *Em verdade* declara que o enunciado que se segue a essa frase é autêntico, verdadeiro. Um *amém* ao final sela a veracidade e exatidão da afirmação.

Esse é o único lugar nas Escrituras em que a palavra é utilizada como um título para Cristo. Poderia ser uma referência a Isaías 65.16, que cita duas vezes o *Deus da verdade*. Não pode haver dúvida de que o título também se aplica ao nosso Senhor, pois ele é o *amém* firme, fiel e imutável.

No entanto, não se trata apenas de um comentário sobre a veracidade do Senhor e suas promessas. Em 2Coríntios 1.20, Paulo escreve: *pois quantas forem as promessas feitas por Deus, tantas têm em Cristo* o 'sim.' Por isso, por meio dele, o 'amém' é pronunciado por nós para a glória de Deus. O próprio Cristo é o cumprimento de todas as promessas de Deus. Toda promessa de graça e bênção, toda aliança de paz e perdão, é validada na pessoa e obra de Jesus Cristo. A totalidade do Antigo Testamento aponta para ele, que é quem realiza e garante todas as alianças de Deus com seu povo. Ele é o amém de Deus, aquele que confirma todas as promessas divinas.

Cristo também se identifica como *a testemunha fiel e verdadeira* (Ap 3.14). Ele não somente confirma o que Deus disse e prometeu, mas tudo o que ele diz também é verdadeiro. Suas palavras são sempre fiéis e verdadeiras. Ele é completamente confiável e perfeitamente preciso. Nas palavras de João 14.6, ele é *o caminho, a verdade e a vida* (grifo do autor).

Quando Cristo fala em nome de Deus, seu testemunho é sempre verdadeiro. Jesus é o amém de Deus, a verificação viva, a validação e a confirmação de toda promessa que Deus já fez, de todo plano que Deus já determinou e de toda aliança que ele já estabeleceu. Além disso, tudo o que ele diz e faz é genuíno e verdadeiro. No início de sua carta a Laodiceia, Cristo estabelece que a verdade em si é crucial e que ele fala com absoluta exatidão e clareza a respeito da condição espiritual deles.

Há uma terceira frase que Cristo usa para se identificar no versículo 14: ele é *o princípio da criação de Deus*. As várias traduções obscurecem aqui o significado das palavras do Senhor, tornando-as, muitas vezes, ambíguas. Muitos falsos mestres tentaram usar esse versículo para negar a divindade de Cristo, afirmando que ele é simplesmente um ser criado como o resto de nós. Essa cristologia pervertida é amplamente utilizada na maioria das seitas modernas e nas falsas religiões. É uma mentira antiga que remonta aos primeiros dias da igreja. De fato, Paulo escreveu sua epístola aos colossenses para protegê-los de sucumbirem a uma heresia com origem semelhante. Em relação à divindade de Cristo, o apóstolo escreveu:

> *Ele é a imagem do Deus invisível, o primogênito de toda a criação, pois nele foram criadas todas as coisas nos céus e na terra, as visíveis e*

as invisíveis, sejam tronos ou soberanias, poderes ou autoridades; todas as coisas foram criadas por ele e para ele. Ele é antes de todas as coisas, e nele tudo subsiste. Ele é a cabeça do corpo, que é a igreja; é o princípio e o primogênito dentre os mortos, para que em tudo tenha a supremacia. Pois foi do agrado de Deus que nele habitasse toda a plenitude (Cl 1.15-19).

A palavra traduzida como *primogênito* em Colossenses 1.15 é *prōtotokos*. Isso não significa mera cronologia, mas preeminência e supremacia. Da mesma forma, a palavra grega traduzida em Apocalipse 3.14 como *princípio* (*archē*) não está identificando ambiguamente Cristo como parte da criação, mas sim como sua *fonte*. João afirmou essa verdade em seu evangelho: *Todas as coisas foram feitas por intermédio dele; sem ele, nada do que existe teria sido feito* (Jo 1.3; ver também Hb 1.2). Cristo não é outro ser criado. Ele é o criador, o autor de toda a vida física e espiritual.

O mesmo falso ensino que ameaçava a igreja colossense provavelmente havia chegado a Laodiceia. Essa visão herética de Cristo pode ter sido a causa da apostasia e da decadência espiritual da igreja de Laodiceia. Como uma igreja não regenerada, eles não acreditavam que Cristo era o *archē*, o iniciador e originador da vida e de tudo o que existe. Eles negavam que ele fosse a Fonte não criada da criação. Eles não acreditavam que ele fosse *o Alfa e o Ômega* (Ap 1.8), o supremo soberano criador e consumador de todas as coisas.

Como muitas igrejas não regeneradas, os laodicenses tinham uma visão distorcida de Cristo. Sua heresia é semelhante à dos mórmons, das testemunhas de Jeová e de qualquer outra igreja liberal de hoje que rejeita as Escrituras e a divindade de Cristo. Desde o início, a mensagem de Cristo aos laodicenses deixa claro que a igreja havia errado desastrosamente em sua cristologia, e que sua crença blasfema era uma grave ofensa ao Senhor. Para expor e combater essa heresia, ele oferece uma poderosa declaração teológica que afirma sua divindade e autoridade, mesmo sobre essa igreja apóstata e não regenerada: ele é o Senhor que criou tudo, a testemunha fiel e verdadeira da Palavra de Deus, e aquele em quem todas as promessas espirituais de Deus são cumpridas. E ele exige ser adorado como tal!

A carta para a igreja de Laodiceia ilustra, poderosamente, os efeitos espirituais e fatais de perverter a verdade concernente à pessoa e obra de Cristo.

Acionando o reflexo do vômito divino

Laodiceia tem a sombria distinção de ser a única igreja para a qual Cristo nada diz de positivo. Não há características resgatáveis a serem declaradas sobre ninguém nessa congregação. Aparentemente, não havia trigo, apenas joio. O Senhor nada oferece, a não ser condenação implacável a essa igreja não regenerada. Ele diz: *Conheço as suas obras, sei que você não é frio nem quente. Melhor seria que você fosse frio ou quente! Assim, porque você é morno, nem frio nem quente, estou a ponto de vomitá-lo da minha boca* (Ap 3.15–16). Essa é uma afirmação grosseira e inusitada. Efetivamente, o que ele está dizendo é: "Eu conheço você. Sei quem você é. Você é morno. Você me dá ânsias de vômito."

Essa teria sido uma condenação bem intensa para os cidadãos de Laodiceia. A água deles não era quente como a de Hierápolis. Não era fria e limpa como os rios que alimentavam Colossos. Em vez disso, a água de Laodiceia era suja, tóxica e morna. Fluindo através de quilômetros de barro imundo em canos de pedra, tornou-se contaminada e repulsiva, incapaz de saciar a sede ou restaurar as forças. Era literalmente nauseante. Com imagens que seriam imediatamente compreendidas por todos os residentes de Laodiceia, o Senhor repreendeu a igreja de forma impressionantemente clara: "Você me dá ânsias!"

Cristo diz: *Melhor seria que você fosse frio ou quente!* (v. 15). Pessoas espiritualmente quentes estão vivas e fervorosas em seu amor pelo Senhor. Elas demonstram a obra transformadora do Espírito em sua vida e uma paixão por alcançar os perdidos com o evangelho. Por outro lado, pessoas espiritualmente frias rejeitam abertamente a verdade da Palavra de Deus e a salvação através de seu Filho. Elas são espiritualmente sombrias e mortas, sem interesse em Cristo ou em sua igreja.

A IGREJA MORNA: LAODICEIA

Os mornos laodicences ficavam exatamente no meio-termo. Eles não podiam ser quentes, porque ainda não eram regenerados. Mas também não se classificavam como frios, porque não rejeitavam publicamente a verdade. Em vez disso, eram hipócritas piedosos, alegando amar ao Senhor enquanto se apegavam particularmente a um falso Cristo e a um falso evangelho. Eles mantinham uma demonstração exterior de fé e devoção, mas, como os fariseus, a religião deles era arrogante e hipócrita. Em sua segunda carta a Timóteo, Paulo descreveu os mornos como aqueles que viviam *tendo aparência de piedade, mas negando o seu poder* (2Tm 3.5). O Senhor advertiu seus discípulos sobre o futuro apavorante que espera tais fingidores espirituais: *Muitos me dirão naquele dia: 'Senhor, Senhor, não profetizamos nós em teu nome? Em teu nome não expulsamos demônios e não realizamos muitos milagres?' Então eu lhes direi claramente: 'Nunca os conheci. Afastem-se de mim vocês, que praticam o mal!'* (Mt 7.22–23).

Essas igrejas hipócritas sempre existiram ao longo da história da igreja, cheias de pessoas não convertidas e impenitentes, proclamando todo tipo de falsas doutrinas e opiniões erradas sobre Cristo. Elas *enojam* o Senhor. Essa é a reação mais visceral que vimos de Cristo em seu confronto com as igrejas da Ásia Menor. Ele ficou desapontado com a igreja de Éfeso, que abandonara seu primeiro amor. Sua indignação queimava contra as igrejas que haviam se comprometido com o mundo e convidavam a corrupção para o meio delas. No entanto, a igreja morna de Laodiceia era-lhe repugnante. Cristo queria cuspi-los da boca. O fracasso em ser quente ou frio era uma ofensa revoltante ao Senhor dos céus.

Qualquer extremo teria sido preferível ao Senhor. Mesmo corações abertamente frios teriam sido um reflexo mais honesto de seu real estado espiritual — e isso os teria deixado abertos para sentirem o aguilhão da culpa do pecado. Em vez disso, eles se embalaram na satisfação pessoal espiritual, sem saber que a heresia e a hipocrisia haviam entorpecido sua capacidade de avaliar com precisão sua própria condição espiritual.

Cristo descreve a profundidade de sua autoilusão: *Você diz: Estou rico, adquiri riquezas e não preciso de nada. Não reconhece, porém, que é miserável, digno de compaixão, pobre, cego e que está nu* (Ap 3.17). O Senhor diz que eles são totalmente ignorantes de sua verdadeira condição espiritual. O mesmo acontece com todos os incrédulos que se reúnem em uma "igreja"; eles não estão em posição de avaliar o estado de seu coração. Estão todos cegos para a própria realidade espiritual.

Laodiceia era famosa por suas riquezas materiais. Era como se a própria identidade da igreja estivesse ligada não apenas à falsa segurança dessas riquezas materiais, mas também à sua suposta riqueza espiritual. Porém, isso era pura ficção. Não havia o menor fundamento nessa colocação. Tal autoconfiança espiritual pode ter sido indicação de outro tipo de ensino falso que tivesse envenenado a igreja de Laodiceia. Além de sua visão blasfema de Cristo, eles, como alguns na assembleia colossense, podem ter sido influenciados por uma forma primitiva de gnosticismo. Os gnósticos acreditavam ter obtido um tipo de conhecimento secreto e elevado. Seu conhecimento, supostamente transcendente, os diferencia de outros crentes não sofisticados. Esse é o tipo de orgulho espiritual que Cristo descreveu em sua carta à Laodiceia: *Estou rico, adquiri riquezas e não preciso de nada...* (v. 17).

Espiritualmente falando, esse é o pior estado em que alguém poderia se encontrar. Seria muito melhor que fosse ateu ou completamente desconhecedor da igreja e do evangelho. Verdadeiramente, *qualquer coisa* seria melhor do que essa presunção hipócrita de Laodiceia. Sua apostasia era extensa. Eles conheciam a verdade sobre Cristo, mas negavam sua divindade; eles conheciam a verdade sobre Deus, mas adoravam um deus criado por eles mesmos. Esse tipo de autoconfiança e presunção espiritual caracteriza hoje denominações inteiras. Da mesma forma, está presente em muitas instituições supostamente cristãs, universidades e seminários. Eles acreditam que são espiritualmente ricos e que seu conhecimento os coloca acima e fora do *hoi polloi*,[4] mas não têm noção de quão nauseantes eles se tornaram para o Senhor que professam.

---

[4][NT] A maioria.

Isso é verdade para qualquer igreja ou instituição em que há descrentes iludidos. É repulsivo pensar que se é espiritualmente rico, quando se está falido; de achar-se bonito, quando se é feio, de imaginar-se invejável quando se é totalmente reprovável, de acreditar que se tem visão clara quando se está perdido e cego, de acreditar que se está envolto em elegância espiritual quando se está imundo e nu. Essa era a situação dos laodicences. O Senhor os confrontou sem rodeios com a realidade de sua situação: *Não reconhece, porém, que é miserável, digno de compaixão, pobre, cego e que está nu* (v. 17).

Os crentes precisam demonstrar misericórdia ao mundo incrédulo. Precisamos nos aproximar onde e quando for possível com a verdade do evangelho. Por outro lado, também devemos nos empenhar por alcançar, com a mesma intensidade, aqueles que estão dentro da igreja e permanecem perdidos na ilusão e na hipocrisia. Cegos à sua necessidade desesperada pelo Salvador, esses homens e mulheres precisam ser confrontados regularmente com a verdade da Palavra de Deus, com o evangelho da graça e do Senhor Jesus Cristo. Devemos orar para que a graça e misericórdia divinas, o arrependimento e a fé, ainda estejam disponíveis para eles.

Essa foi a mensagem do Senhor para a igreja apóstata em Laodiceia.

Uma oferta graciosa a uma igreja apóstata

Como um remédio para o deplorável estado espiritual da igreja de Laodiceia, Cristo diz: *Aconselho-te que de mim compres ouro provado no fogo, para que te enriqueças; e roupas brancas, para que te vistas, e não apareça a vergonha da tua nudez; e que unjas os teus olhos com colírio, para que vejas* (Ap 3.18). Cristo oferece graça a esses hipócritas. Ele poderia tê-los julgado imediatamente, mas retém sua destruição e os chama ao arrependimento.

Suas palavras enfatizam a falsa sensação de segurança de Laodiceia, ao comparar sua oferta de salvação ao vazio da suposta riqueza. Como observamos anteriormente, a cidade era conhecida por sua prosperidade financeira, por sua indústria de lã e pela produção de colírios. Em Apocalipse 3.18, o Senhor traspassa o orgulho local e ilustra quão espiritualmente pobres, cegos e carentes a igreja estava sem ele.

Naturalmente, o dinheiro deles não podia comprar, do Senhor, aquilo de que eles precisavam. Nenhuma quantia de dinheiro poderia resgatar e salvar aquelas almas. Pelo contrário, as palavras de Cristo enfatizavam a futilidade de suas riquezas materiais. A vasta fortuna, por mais expressiva que fosse, não podia lhes dar nenhum bem espiritual duradouro. O conselho que Cristo lhes deu para que "comprassem dele" é um eco das palavras de Deus através do profeta Isaías: *Ó vós, todos os que tendes sede, vinde às águas, e os que não tendes dinheiro, vinde, comprai, e comei; sim, vinde, comprai, sem dinheiro e sem preço, vinho e leite* (Is 55.1). A justiça de Cristo não está à venda para pecadores; o preço já foi pago.

O Senhor orientou a igreja não redimida de Laodiceia a comprar três itens, todos simbolizando a redenção de que eles tanto precisavam. O primeiro foi *ouro provado no fogo, para que te enriqueças* (Ap 3.18). O povo de Laodiceia estava suficientemente familiarizado com o ouro para entender o grande valor do que Cristo estava oferecendo aqui. Esse ouro espiritual fora refinado e expurgado de impurezas. Era perfeito e inestimável, especialmente quando comparado com o ouro físico que eles tanto valorizavam. Pedro descreveu a verdadeira fé salvadora como *muito mais preciosa do que o ouro que perece e é provado pelo fogo* (1Pe 1.7). Os laodicences confiavam em sua grande riqueza. Cristo, no entanto, ofereceu-lhes as verdadeiras riquezas espirituais da salvação e um relacionamento correto com ele.

Cristo também os instruiu a comprar *roupas brancas, para que te vistas, e não apareça a vergonha da tua nudez* (Ap 3.18). Através das cartas às igrejas da Ásia Menor, ele mencionou várias vezes essas vestes brancas. As imagens aparecem mais tarde, novamente no livro de Apocalipse. Como observado antes, a referência aos santos em glória citava as vestes brancas, que, possivelmente, retratam suas obras de obediência limpas e purificadas (Ap 3.4-5; 19.8). Aqui, elas representam a justiça de Cristo imputada aos crentes (Ap 7.13-14). As famosas roupas de lã preta que vinham de Laodiceia simbolizavam o pecado que cobria a nudez dos hipócritas. As vestimentas de que eles precisavam eram aquelas descritas por Isaías: *Regozijar-me-ei muito no Senhor, a minha alma se alegrará no meu Deus; porque me vestiu de roupas de salvação, cobriu-me com o manto de justiça...* (Is 61.10). Sua justiça própria não era nada além de trapos de imundícia (Is 64.6). Eles precisavam ser revestidos pela justiça de Cristo (2Co 5.21).

Finalmente, o Senhor instruiu os laodicences a comprarem dele colírio *e que unjas os teus olhos com colírio, para que vejas* (Ap 3.18). O colírio que os laodicences produziam e vendiam não oferecia uma cura milagrosa. Na melhor das hipóteses, era capaz de acalmar os olhos irritados. Isso é um contraste gritante com o sacrifício que Cristo oferece aos pecadores impenitentes — que abre os olhos espirituais para a sua verdade. Em 2Coríntios 4.4, Paulo escreve: *O deus desta era cegou o entendimento dos descrentes, para que não vejam a luz do evangelho da glória de Cristo, que é a imagem de Deus.* Os pecadores não redimidos estão perdidos em sua cegueira espiritual, desconhecem sua escravidão a Satanás e não conseguem apreciar a luz do evangelho. Eles precisam de Cristo *para lhes abrires os olhos, e das trevas os converteres à luz, e do poder de Satanás a Deus; a fim de que recebam a remissão de pecados...* (At 26.18). A falsa igreja em Laodiceia havia ficado cega por sua heresia e hipocrisia. Ela precisava do Senhor para lhes abrir os olhos e para que a luz da sua verdade brilhasse em seus corações.

Embora as palavras de Cristo aqui sejam um chamado aos incrédulos, também servem como um poderoso lembrete à verdadeira igreja. A salvação é o ouro que nos torna espiritualmente ricos na fé. É o manto branco que cobre a nossa pecaminosa nudez com a justiça de Deus através de Cristo. É o colírio que nos dá o conhecimento da graça iluminadora de Deus e a compreensão da sua verdade. Essa é uma imagem magnífica da bênção tríplice da salvação, o tesouro que o Senhor derrama sobre seu povo.

Divino amor para o perdido

As palavras de Cristo em Apocalipse 3.19 levam alguns a acreditar que a igreja em Laodiceia não era inteiramente apóstata, que havia alguns na congregação que eram salvos. O Senhor diz: *Eu repreendo e castigo a todos quantos amo; sê, pois, zeloso e arrepende-te.* Embora inicialmente pareça que ele está falando com cristãos, o contexto não nos deixa ter essa interpretação, pois os versículos 18 e 20 não se misturam com as condições espirituais do público não regenerado.

Devemos ter cuidado para não achar que o amor de Deus se dirige somente aos seus eleitos. Passagens como Salmo 145.8–9, Mateus 5.44–48 e Marcos 10.21 deixam claro que o Senhor ama até mesmo os pecadores impenitentes e réprobos, e tem por eles verdadeira compaixão. Não é o amor divino mencionado em 1João 4.9-11 ou em Romanos 5.8 que assegura soberanamente a redenção, mas é uma ternura sincera e bondosa. Aqui, na carta à Laodiceia, Cristo explica que seu amor pelo mundo inclui a forma através da qual ele reprova e disciplina os pecados. *Repreender* é outra maneira de dizer que ele os convence de seus pecados. Descrevendo a obra do Espírito Santo na consciência dos pecadores, Cristo disse: *E quando ele vier, convencerá o mundo do pecado, e da justiça e do juízo* (Jo 16.8). Deus ama o mundo expondo seu pecado e punindo-o. A palavra traduzida como *disciplina* em Apocalipse 3.19 é usada duas vezes em Lucas 23, onde é traduzida como *punição*, descrevendo a tortura de Cristo nas mãos de Pilatos. Em 2Timóteo 2.25, o mesmo termo é usado para se referir à convicção de Deus por parte dos incrédulos. O ponto é que o amor de Deus pelos pecadores começa com o desmascaramento da nossa miséria. Se somos salvos pela graça pela fé em Cristo, é porque o Senhor, primeiramente, nos deu a convicção da culpa de nosso pecado, e porque vimos o peso de sua ira. Seu amor por cada um de nós começou com reprovação e disciplina.

Há uma nota de ternura nessas palavras, como há em toda a carta. Apesar da heresia e da hipocrisia daquela igreja, o Senhor tem uma terna afeição pelo povo de Laodiceia. Ele não os ama com um tipo de amor ágape. Em vez disso, é *phileō* — um afeto divino à parte de um relacionamento espiritual correto. Ele está pedindo com compaixão que esses laodicences não regenerados se acheguem à fé salvadora nele e evitem sua ira. O Senhor fez uma afirmação semelhante a Israel em Ezequiel 33.11: *Vivo eu, diz o Senhor Deus, que não tenho prazer na morte do ímpio, mas em que o ímpio se converta do seu caminho, e viva. Convertei-vos, convertei-vos dos vossos maus caminhos; pois, por que razão morrereis, ó casa de Israel?*

Além disso, Cristo lhes mostra o caminho para um relacionamento correto com ele, exortando-os: *sê, pois, zeloso e arrepende-te* (Ap 3.19). A mensagem do evangelho de Cristo sempre envolve arrependimento (Mt 4.17). Os pecadores devem lamentar seus pecados e ter a fome de justiça que somente Cristo pode oferecer. Em 2Coríntios 7.10, Paulo explicou a diferença entre o falso e o verdadeiro arrependimento: *Porque a tristeza segundo Deus opera arrependimento para a salvação, da qual ninguém se arrepende; mas a tristeza do mundo opera a morte.* É importante compreender que o arrependimento não é um ato meritório. Pelo contrário, é um passo vital na obra salvadora de Deus, o que Atos 11.18 chama de *o arrependimento para a vida*.

Em seus *Estudos no Sermão da Montanha*, D. Martyn Lloyd-Jones nos dá essa poderosa visão da natureza do verdadeiro arrependimento:

> O arrependimento significa que você percebe que é pecador, culpado e vil na presença de Deus, que merece a ira e a punição de Deus e que está destinado ao inferno. Isso comunica que você começa a perceber que aquilo que chamamos de pecado está em você, e que você anseia por se livrar dele, voltando-lhe as costas em todas as formas e maneiras. Você renuncia ao mundo seja qual for o custo, tanto o mundo de sua mente e perspectiva como na prática, e você se nega, toma a cruz e segue a Cristo.[5]

---

[5] LLOYD-JONES, D. Martyn. *Studies in the Sermon on the Mount* (Estudos no Sermão da Montanha). Grand Rapids: Eerdmans, 1974, 2:248.

Paulo descreve a urgência do chamado de Cristo ao arrependimento em Atos 17.30–31: *Mas Deus, não tendo em conta os tempos da ignorância, anuncia agora a todos os homens, e em todo o lugar, que se arrependam; porquanto tem determinado um dia em que com justiça há de julgar o mundo, por meio do homem que destinou; e disso deu certeza a todos, ressuscitando-o dentre os mortos.* O amor de Cristo pelo mundo incrédulo torna-se mais evidente em sua paciência e longanimidade, pois concede, de forma misericordiosa, tempo para que os pecadores se arrependam e creiam.

No entanto, a ternura do Senhor pelos apóstatas laodicences não se limita ao seu chamado ao arrependimento. No versículo 20, ele faz essa promessa de forma muito pessoal: *Eis que estou à porta, e bato; se alguém ouvir a minha voz, e abrir a porta, entrarei em sua casa, e com ele cearei, e ele comigo.* Esse é um dos mais conhecidos convite das Escrituras, mas também um dos mais malcompreendidos.

Apocalipse 3.20 é frequentemente usado por evangelistas e pregadores como um apelo pessoal e urgente do Senhor. É explicado como uma promessa em que Cristo simplesmente aguarda à porta do coração de todos os pecadores, ansioso por receber acesso. Muitas vezes aparece junto com o sentimento similarmente antibíblico de se "convidar Jesus ao seu coração." Ambos os clichês mostram a salvação do ponto de vista humano, que confunde e corrompe grande parte da igreja hoje — o tipo de igreja que se afasta das palavras de Paulo em Efésios 2:

> *E vos vivificou, estando vós mortos em ofensas e pecados, em que noutro tempo andastes segundo o curso deste mundo, segundo o príncipe das potestades do ar, do espírito que agora opera nos filhos da desobediência; entre os quais todos nós também antes andávamos nos desejos da nossa carne, fazendo a vontade da carne e dos pensamentos; e éramos por natureza filhos da ira, como os outros também. Mas Deus, que é riquíssimo em misericórdia, pelo seu muito amor com que nos amou, estando nós ainda mortos em nossas ofensas, nos vivificou juntamente com Cristo (pela graça sois salvos), e nos ressuscitou juntamente com ele e nos fez assentar nos lugares celestiais, em Cristo Jesus; para mostrar nos séculos*

> *vindouros as abundantes riquezas da sua graça pela sua benignidade para conosco em Cristo Jesus. Porque pela graça sois salvos, por meio da fé; e isto não vem de vós, é dom de Deus. Não vem das obras, para que ninguém se glorie* (Ef 2.1-9).

Apesar de sua frequente interpretação errônea, Apocalipse 3.20 não é uma declaração geral sobre Cristo bater à porta do coração dos pecadores, nem uma imagem precisa de um convite ao arrependimento. O fato é que a porta à qual Cristo se refere aqui era uma porta específica, não a porta metafórica de todo coração humano. Este é um convite específico para a igreja em Laodiceia e a outras como ela. Cristo não estava naquela igreja, mais uma prova de que, diferentemente da igreja em Sardes, não havia nenhum crente na congregação de Laodiceia. No versículo 20, ele prometeu levar a realidade da verdadeira salvação a esse grupo apóstata, mesmo que somente alguns respondessem ao seu chamado de arrependimento e o recebessem!

Hoje, o Senhor é igualmente excluído de inúmeras igrejas que reivindicam seu nome, mas regularmente o desonram. Sejam elas igrejas liberais mortas ou igrejas com um falso evangelho ou seitas, o que ocorre é que elas não têm interesse no Cristo bíblico, nem na salvação que ele oferece. E, assim como acontece com a igreja em Laodiceia, é necessária a verdadeira expressão de arrependimento e fé para abrir a porta e, dessa forma, receber a presença e a influência de Cristo.

Porém, Cristo não está prometendo aqui apenas sua presença na igreja, como uma mera bênção. Ele diz: *entrarei e cearei com ele, e ele comigo* (Ap 3.20). Uma refeição compartilhada era um símbolo de união, companheirismo e intimidade. Como vimos anteriormente, os crentes um dia celebrarão a ceia das Bodas do Cordeiro com Cristo (Ap 19.9). Estamos ansiosos pela intimidade eterna com nosso Senhor e Salvador no céu. Através da habitação do Espírito Santo, temos uma antevisão dessa comunhão aqui na terra. E foi essa abençoada comunhão que Cristo prometeu àqueles da igreja de Laodiceia que se arrependessem e cressem.

A palavra traduzida como *ceia* refere-se à refeição da noite, o evento final do dia. Esse é o pedido final do Senhor para essa igreja. Ele ainda está fora da igreja, esperando nas horas finais antes que a noite de seu julgamento caia e, então, seja tarde demais para os laodicences se arrependerem.

Novamente, há graça ilimitada na tolerância do Senhor com os pecadores. Ele insiste fielmente que eles se arrependam, enquanto estende sua graça e retém sua ira contra o mundo e sua maldade. A carta de Cristo à igreja de Laodiceia é um lembrete sombrio do preço da heresia e da hipocrisia, mas também é um encorajamento sobre o amor do Senhor pelos pecadores e seu desejo de levá-los à salvação.

O Senhor encerra sua carta à igreja de Laodiceia com uma palavra a todos os crentes. Aos seus vencedores (1Jo 5.4–5), o Senhor promete: *Ao vencedor darei o direito de sentar-se comigo em meu trono, assim como eu também venci e sentei-me com meu Pai em seu trono* (Ap 3.21). Este é o ponto alto das bênçãos prometidas por Cristo para os crentes que perseverarem fielmente, o qual não podemos compreender plenamente. Paulo proferiu uma promessa semelhante em 2Timóteo 2.12: *Se perseveramos, com ele também reinaremos.* Cristo promete que teremos não só uma comunhão imediata, mas também diz que reinaremos ao seu lado por toda a eternidade. Essa é uma imagem da perfeita intimidade em gloriosa autoridade. É a suprema elevação da humanidade redimida e um lembrete vívido de que não recebemos uma salvação parcial em Cristo, mas que somos enxertados na família de Deus que nos concede todos os privilégios de filiação em seu reino eterno.

O Senhor termina sua carta com o familiar lembrete: *Aquele que tem ouvidos ouça o que o Espírito diz às igrejas* (Ap 3.22). No caso da carta à igreja em Laodiceia, isso é uma advertência aos apóstatas, aos que rejeitam Cristo, aos liberais e aos cultistas que pensam que são elevados, eruditos e iluminados acima e além do nítido testemunho das Escrituras. Cristo confronta a cegueira e pobreza espirituais deles, e afirma sua divindade e autoridade sem rodeios. Ele destrói as fachadas de justiça própria e os induz a enxergarem sua apostasia e hipocrisia como ofensas pecaminosas. Ele estende sua graça àqueles que se arrependem e o abraçam como Senhor e Salvador.

Devemos agir da mesma forma, enquanto ainda há tempo.

DEZ

A necessidade de uma NOVA REFORMA

OS CRISTÃOS FALAM FREQUENTEMENTE sobre a necessidade de uma reforma na igreja. Mas como seria esse verdadeiro reavivamento bíblico do Corpo de Cristo? Não apenas um breve mover dos corações cristãos em um ambiente localizado, mas um reavivamento espiritual global de toda a igreja? O que significaria uma nova reforma hoje? O que mudaria? E o que precisaria acontecer para que tal reavivamento ocorresse?

Para começar, a igreja teria de obedecer ao mandamento do Senhor de *ser santo como ele é santo* (1Pe 1.16). O povo de Deus precisa terminar de vez com os flertes tolos com o mundanismo e levar a sério a maneira de lidar com o pecado entre si. Esse é o tipo de reforma que o Senhor pede — uma reforma que enfatize o amor de um compromisso com Cristo, a exclusão do comprometimento mundano, o confronto consistente com o pecado, um apelo sério à teologia bem fundamentada e uma santidade pessoal.

É preciso, porém, que se diga: a reforma de que a igreja desesperadamente precisa não é resultado de alguma nova estratégia ou ênfase teológica. Os crentes não precisam de alguém que abra uma nova trilha metodológica ou que lance uma nova e empolgante visão para que a igreja corresponda às perspectivas do século 21.

O fato é que a igreja não está enfrentando problemas que exigem soluções novas e inteligentes. As estratégias de Satanás não mudaram e *não ignoramos as suas intenções* (2Co 2.11). Ele ataca a igreja hoje da mesma forma que atacava no primeiro século. Se algo está diferente agora, é a complacência que leva a igreja a se comprometer com o mundo e abraçar o falso ensino. Em vez de se engajar na guerra espiritual contra as mentiras satânicas e as ideologias anticristãs (2Co 10.4), muitas igrejas declararam uma trégua antibíblica com o mundo e pararam de lutar por toda a verdade de Deus.

Modelos inovadores de igrejas e estratégias evangelísticas pouco ortodoxas não podem solucionar os problemas que enfrentamos. Novos métodos que não estão ligados à sabedoria bíblica ou à busca da santidade não são a solução; são a causa de termos chegado a este ponto. Mais do mesmo não resolverá o problema!

Pelo contrário, o povo de Deus precisa, primeiramente, recuperar e reafirmar os princípios históricos e teológicos por trás das transformações de vida que convidam à verdadeira reforma. Todas as questões que afetam e prejudicam a igreja hoje poderiam ser tratadas por uma ênfase renovada nos mesmos *cinco solas* da reforma protestante do século 16.

Sola Scriptura

Como mencionado no capítulo 1, a absoluta confiança somente nas Escrituras como autoridade suprema e suficiente na igreja é conhecida como o princípio formal da reforma. Foi o fundamento necessário para todas as outras doutrinas-chave da reforma, e foi o primeiro e principal ponto de partida da influência corruptora da Igreja Católica. Outros antes de Martinho Lutero já haviam se queixado dos abusos e falsas doutrinas de Roma, mas a reforma nasceu dos apelos implacáveis de Lutero à autoridade das Escrituras.

Historicamente, esse é o padrão dos reavivamentos. Todo grande movimento de Deus no mundo foi lançado buscando a recuperação das Escrituras. Foi essa também a causa de um grande despertar espiritual entre o povo de Israel após o seu exílio. Em Neemias 8, Esdras pede o livro da lei e o lê diante do povo, suscitando arrependimento e um notável reavivamento em toda Jerusalém. A história de Israel foi marcada por padrões de rebelião e reavivamento, com o arrependimento sempre decorrente de o povo se lembrar e retornar à Palavra de Deus.

A reforma foi o resultado de um compromisso renovado semelhante, com foco na autoridade única da Palavra de Deus em sua igreja. E, associada a esse reconhecimento da autoridade da Bíblia, havia uma afirmação implícita de sua suficiência. A Bíblia não é apenas a Palavra de Deus inspirada e abalizada. Ela também é suficiente para satisfazer as necessidades do povo de Deus, pois é *útil para o ensino, para a repreensão, para a correção e para a instrução na justiça, para que o homem de Deus seja apto e* PLENAMENTE PREPARADO PARA TODA BOA OBRA (2Tm 3.16–17, grifo do autor). A Palavra de Deus é suficiente para a salvação dos eleitos e a santificação dos remidos. Ela edifica os santos e fala sobre sua esperança da eternidade. Ela fornece abundantemente ao povo de Deus instrução, correção, encorajamento e segurança.

As Escrituras falam sobre sua própria autoridade e suficiência em Apocalipse 22.18–19, alertando severamente quem quer que pretenda acrescentar ou retirar partes da Palavra de Deus.

> *Declaro a todos os que ouvem as palavras da profecia deste livro: se alguém lhe acrescentar algo, Deus lhe acrescentará as pragas descritas neste livro. Se alguém tirar alguma palavra deste livro de profecia, Deus tirará dele a sua parte na árvore da vida e na cidade santa, que são descritas neste livro.*

Como a autoridade singular, suficiente e final sobre a igreja, a Palavra de Deus não está sujeita a adição, subtração ou revisão editorial.

Imagine o impacto que um compromisso renovado com a autoridade e suficiência das Escrituras teria nas igrejas hoje. Para começar, seria um duro golpe contra os instruídos hereges que têm acreditado nas mentiras dos críticos acadêmicos. Silenciaria os homens e mulheres que pretendem julgar a Palavra de Deus, considerando-a nada além de literatura, com fábulas e alegorias a serem interpretadas por caprichos pessoais e preocupações sociais. E traria um ponto final ao interesse da igreja por novidades e inovações teológicas, restaurando a ênfase na fidelidade bíblica, na sã doutrina e na exposição fiel da Palavra.

Uma ênfase na *Sola Scriptura* também conteria os enganos dos charlatões que baseiam seus ministérios em supostas novas revelações e interpretações pessoais. Superstições sobre mensagens particulares vindas de Deus têm assolado a igreja em quase todas as gerações. Praticamente toda seita subcristã foi fundada por alguém que afirma ter ouvido ordens diretas de Deus. Quase nenhuma outra ideia deixou mais destruição em seu rastro. Essa crença na revelação contínua tornou-se característica do movimento carismático, e o alcance de sua influência lançou na igreja um apetite por novas revelações de Deus, criando uma epidemia global de cristãos professos que acreditam que a Bíblia não é suficiente.

Vejo, ocasionalmente, na TV, os "curandeiros da fé" e os pregadores da prosperidade, e observo uma tendência comum em seu ensino. Grande parte desses homens e mulheres ensina quase exclusivamente na primeira pessoa. Eles andam de um lado para o outro no palco, explicando como "O Senhor me disse isso..."; "Ele me mostrou aquilo..." E por aí vai, enquanto a Bíblia fica abandonada no púlpito, útil apenas como ferramenta de referência para apoiar as "novas palavras celestiais." Essa abordagem de ensino é totalmente antibíblica e cria um falso cristianismo baseado na intuição pessoal e percepção subjetiva.

Talvez os exemplos mais recentes para chamar a atenção da igreja sejam os *best-sellers* devocionais. Eles são apresentados como coleções de *insights* pessoais e mensagens recebidas de Deus, e vendem dezenas de milhões. Um deles abre com esta introdução:

> Comecei a me perguntar se eu também poderia receber mensagens durante meus momentos de comunhão com Deus. Eu estava escrevendo diários de oração há anos, mas era uma comunicação de mão única: era a minha fala. Eu sabia que Deus se comunicava comigo através da Bíblia, mas eu ansiava por mais. Eu queria ouvir o que Deus tinha a dizer para

mim, pessoalmente. Decidi, então, escutar Deus com a caneta na mão, escrevendo o que quer que acreditasse que ele estivesse dizendo.[1]

Embora esses livros altamente populares não defendam, necessariamente, o movimento carismático, eles representam o pior de seu erro doutrinário. Mais enganosas do que as ridículas promessas de cura e prosperidade, e piores do que o absurdo jargão de línguas, esses livros e outros do mesmo gênero exportam a mentira dos carismáticos: a de que Deus está apenas esperando para dar a quase qualquer pessoa uma nova revelação além das Escrituras. Essa noção de que Deus ainda fala às pessoas por meio de sonhos, sensações, intuições e vozes audíveis é uma negação implícita da autoridade final, completa e suficiente das Escrituras.

E essa tendência não é diferente para aqueles sob influência do movimento carismático ou do absurdo místico. Qualquer abordagem de "formação espiritual" que encoraje os cristãos a ouvirem a voz de Deus em sua mente ou em qualquer outro lugar além das Escrituras enfraquece a autoridade, a suficiência e a exclusividade inspirada de Deus da Palavra escrita. Um aspecto essencial de uma maturidade espiritual verdadeira é — não ultrapassar o que está escrito (1Co 4.6). Qualquer prática que encoraje os crentes a buscarem as respostas dentro de si mesmos, em vez de em Deus e em sua Palavra, nada mais é do que misticismo oriental reembalado e disfarçado de devoção ao Senhor. Apesar da linguagem bíblica utilizada, isso substitui avidamente a verdade bíblica por impressões subjetivas e sentimentos pessoais.

Outros crentes professos adotam uma abordagem mais tortuosa ainda para minar a autoridade e a suficiência da Palavra de Deus, tentando misturar a verdade das Escrituras com a sabedoria mundana. Ao longo de grande parte dos anos 1980 e 1990, a psicologia exerceu força dominante na igreja. Pastores e líderes abdicaram de seus deveres de aconselhamento, dando lugar a profissionais com pouco (ou nenhum)

---

[1] YOUNG, Sarah. *Jesus calling* (O chamado de Jesus). Nashville: Thomas Nelson, 2004, p. xiii.

treinamento bíblico. Como expliquei na época em um livro intitulado *Nossa suficiência em Cristo*: "Muitos compraram a mentira de que existe um importante reino de sabedoria fora das Escrituras e do relacionamento com Jesus Cristo, e de que a ideia ou a técnica desse campo extrabíblico possui a verdadeira chave para ajudar as pessoas em seus problemas mais profundos."[2] Essa tendência continua a todo vapor.

Vê-se o mesmo ataque à autoridade das Escrituras no debate sobre o relato da criação em Gênesis. Em vez de aceitar a objetividade de uma tradução literal de Gênesis 1, muitos na igreja fazem todo o tipo de ginástica interpretativa para acomodar as conclusões do mundo sobre as origens do Universo. Sob o peso da chamada ciência, que não consegue explicar o enorme milagre da criação, eles rejeitam o relato claro e simples do texto em favor de teorias baseadas no ceticismo e na descrença. Eles apenas toleram a autoridade e a suficiência das Escrituras, declarando que suas páginas de abertura não passam de fábula ou artifício literário. Se Gênesis não pode ser confiável, por que qualquer outra parte da Bíblia deve receber nossa confiança absoluta?

É desconcertante concluir que muitas doutrinas falsas e práticas errôneas na igreja são hoje o resultado direto do comprometimento da autoridade e suficiência das Escrituras. Um compromisso renovado com a *Sola Scriptura* silenciaria aqueles que pretendem falar por Deus e aqueles que se consideram capazes de julgar o que ele disse. Esse compromisso com a *Sola Scriptura* abandonaria os relatos de sonhos e as narrativas fictícias, ambos disfarçados de revelação divina, e protegeria a igreja da influência daqueles que estão determinados a misturar a verdade bíblica com o erro mundano. Um compromisso renovado com a autoridade, a suficiência e a objetividade das Escrituras é o ponto de partida para purificar a igreja de muitas de suas mais perniciosas contaminações e fornecer proteção significativa contra a influência corruptora de Satanás.

---

[2] MACARTHUR, John. *Our sufficiency in Christh* (Nossa suficiência em Cristo). Dallas: Word Publishing, 1991, p. 58.

Sola Fide

A justificação somente pela fé é o coração do evangelho. Rejeitar o *Sola Fide*, de forma consciente ou inconsciente, gera uma lista de obras que negam a salvação. Boas obras não ajudam a libertar o pecador da pena que o pecado merece. No grande tratado do apóstolo Paulo sobre a natureza da justificação, ele explicou que a única esperança de salvação do pecador não se encontra em seus próprios atos de justiça, mas na justiça que vem somente pela fé:

> *Todavia, àquele que não trabalha, mas confia em Deus que justifica o ímpio, sua fé lhe é creditada como justiça. Davi diz a mesma coisa, quando fala da felicidade do homem a quem Deus credita justiça independente de obras: 'Como são felizes aqueles que têm suas transgressões perdoadas, cujos pecados são apagados. Como é feliz aquele a quem o Senhor não atribui culpa.'* (Rm 4.5-8).

Pela fé, e somente pela fé, é como alguém pode ter seu relacionamento acertado com Deus. O sistema sacrificial de Israel não tinha capacidade para salvar os pecadores. Por meio do profeta Isaías, o Senhor disse a seu povo: *não tenho nenhum prazer no sangue de novilhos, de cordeiros e de bodes!* (Is 1.11). A fé sempre foi a base do plano redentor de Deus. As Escrituras deixam claro que o patriarca de Israel, Abraão, não foi salvo por sua piedade, mas *Abrão creu no Senhor, e isso lhe foi creditado como justiça* (Gn 15.6). Os autores do Novo Testamento repetidamente citam esse versículo em defesa da justificação somente pela fé (ver Rm 4.9; Gl 3.6; Tg 2.23). Boas obras não salvaram Abraão, e não podem salvar ninguém. Além disso, Paulo advertiu aos gálatas: *Se alguém lhes anuncia um evangelho diferente daquele que já receberam, que seja amaldiçoado!* (Gl 1.9). O falso evangelho das obras é a maldita heresia a que Paulo se referia.

A Igreja Católica Romana defende a importância da fé, mas o dogma de Roma é estabelecido sobre um sistema de justificação por obras e rituais meritórios. De fato, a linha comum compartilhada por todas as falsas religiões ao longo da história é o foco consistente no mérito justificador da realização humana. Mas se [a salvação] é pela graça, Paulo explica: *não é mais pelas obras; se fosse, a graça já não seria graça* (Rm 11.6). Somente o cristianismo bíblico ensina que a justificação do pecador é um ato exclusivamente divino e adquirido unicamente pela fé.

No entanto, como citado no capítulo 1, menos da metade de todos os protestantes nos Estados Unidos da América de hoje acreditam que a salvação vem somente pela fé. Eles foram enfeitiçados por uma variedade de falsos evangelhos e de falsas suposições. Esse compromisso frágil com a *Sola Fide* sustenta dois dos erros que corrompem a igreja hoje: o ecumenismo e o evangelho sem compromisso.

Por muito tempo, crentes professos têm procurado um terreno comum entre a igreja evangélica e os adeptos de falsos evangelhos corruptos. A despreocupada esperança de colaborar com católicos, mórmons e outros em prol da reforma moral ou de vantagens políticas ignora o fato de que *essas religiões não pregam o mesmo evangelho*. Outros ainda fazem parceria com os incrédulos em nome da justiça social ou da preservação dos valores judaico-cristãos. Embora tais atividades ecumênicas não impliquem necessariamente corrupção ou comprometimento do evangelho, aqueles que se engajam nesses movimentos devem estar conscientes de que acabarão tendo de partilhar dos ensinamentos falsos e enganosos daqueles com os quais estão aliados. Permanecer em silêncio é distorcer linhas doutrinárias cruciais que distinguem a verdadeira igreja da falsa. Infelizmente, os evangélicos que fazem parcerias ecumênicas com o objetivo de ganhar influência política calam-se sistematicamente diante das verdades essenciais do evangelho, a fim de evitar ofender e preservar a coalizão formada. Tal silêncio é pecado.

O povo de Deus deve ser confrontado com as palavras de Paulo em 2Coríntios 6.14–16a: *Não se ponham em jugo desigual com descrentes. Pois o que têm em comum a justiça e a maldade? Ou que comunhão pode ter a luz com as trevas? Que harmonia entre Cristo e Belial? Que há de comum entre o crente e o descrente? Que acordo há entre o templo de Deus e os ídolos?* A resposta óbvia é: *nada*. Para manter a clareza do evangelho que pregamos, os crentes não devem turvar as águas doutrinárias forjando alianças com a falsa religião. Os cristãos precisam parar de procurar harmonizar o verdadeiro evangelho com mentiras satânicas. Em vez de procurar elementos da verdade em outras religiões, a igreja deve expor, ousadamente, como o falso evangelho das obras está conduzindo pessoas ao inferno. Em Gálatas 5, Paulo diz que aqueles que comprometem o evangelho tolerando aqueles que acrescentam obras à fé como sendo necessárias à salvação *separaram-se de Cristo e caíram da graça* (Gl 5.4).

A renovação do compromisso com a *Sola Fide* afirmaria a singularidade do evangelho bíblico e protegeria a igreja da influência corruptora da justificação pelas obras.

Esse compromisso decrescente com a justificação somente pela fé por si só também resultou a tendência do evangelho sem compromisso nas igrejas. Embora as Escrituras sejam nítidas ao mostrarem que as boas obras não contribuem para a nossa justificação, o comportamento correto é, sem a menor sombra de dúvida, a realidade visível produzida pela salvação. Em sua epístola aos Efésios, Paulo declarou: *Pois vocês são salvos pela graça, por meio da fé, e isto não vem de vocês, é dom de Deus; não por obras, para que ninguém se glorie. Porque somos criação de Deus realizada em Cristo Jesus para fazermos boas obras, as quais Deus preparou de antemão para que nós as praticássemos* (Ef 2.8–10, grifo do autor). A salvação vem unicamente pela fé, mas essa transformação é demonstrada imediatamente em atitudes e comportamentos justos.

O falso evangelho sem compromisso não exige essa prova de transformação realizada pelo Espírito. Ele trata efetivamente a fé como obra — a fé que não requer evidência de arrependimento ou transformação. No final das contas, esse evangelho sem compromisso não passa de regeneração decisória, uma mentira tão mortal quanto a justificação pelas obras. Como expliquei anos atrás em meu livro *O Evangelho Segundo Jesus*:

> O evangelismo moderno está preocupado com decisões, estatísticas, pessoas levantando as mãos, artifícios, apresentações pré-fabricadas,

discursos, manipulação emocional e até mesmo intimidação. Sua mensagem é uma cacofonia de um evangelho sem compromisso e simplista. Os incrédulos são informados de que, se convidarem Jesus a entrar em seu coração, aceitá-lo como Salvador pessoal e crerem nos fatos do evangelho, isso é o suficiente. O resultado é um terrível fracasso, como visto na vida de milhões de pessoas que professaram fé em Cristo, sem nenhuma transformação de vida. Quem sabe quantas pessoas são iludidas a acreditar que são salvas quando não são?[3]

Esse evangelho simplista silencia os gritos da consciência e encoraja uma falsa segurança. Inúmeros homens e mulheres aguardam hoje a eternidade no céu, porque uma vez fizeram uma oração ou tomaram uma decisão emocional por Cristo. Junto com outros que depositam sua fé em suas próprias obras piedosas, eles um dia ouvirão as terríveis palavras do Senhor: *Nunca os conheci. Afastem-se de mim vocês, que praticam o mal* (Mt 7.23).

O livro de Tiago diz inequivocamente: *A fé sem obras está morta* (Tg 2.26). Tiago explica que a fé morta e vazia do evangelho sem compromisso não é melhor que a dos demônios, que estremecem com a existência de Deus, mas nem por isso deixam de estar condenados (v. 19). Segundo Tiago, essa fé é *inútil* (v. 20).

Um compromisso renovado com a *Sola Fide* e um entendimento bíblico da verdadeira fé que justifica — a fé somente na obra consumada de Cristo, a fé autenticada através da evidência de uma vida transformada — não deixaria espaço para o evangelho sem compromisso e para a falsa segurança por ele semeada em toda a igreja.

Sola Gratia

Antecipando a capacidade do homem pecador de trocar a fé por obras meritórias, as Escrituras deixam claro que a justificação não ocorre

---

[3] MACARTHUR, John. *The Gospel according to Jesus* (O Evangelho Segundo Jesus), rev. ed. Grand Rapids: Zondervan, 2008, p. 91.

somente pela fé apenas, mas somente pela graça divina. Os católicos acreditam em seus próprios rituais como meio de salvação, enquanto outras pessoas reivindicam orgulhosamente o crédito por confiar em Deus e achar que isso desencadeia sua própria salvação. No entanto, a doutrina da *Sola Gratia* destrói todas as noções de salvação por qualquer outro meio que não seja a gloriosa graça de Deus. Paulo torna isso claro em Efésios 2.8–9: *Porque pela graça sois salvos, por meio da fé, e isto* NÃO VEM DE VÓS, É DOM DE DEUS; *não vem de obras, para que ninguém se glorie* (ARIB, grifo do autor).

A doutrina bíblica da graça só existe, e é necessária, pela incapacidade e relutância do homem. Pecadores recebem e merecem apenas a ira de Deus, derramada por causa de sua rebelião constante e voluntariosa. Todos são total e igualmente culpados perante o Senhor: *Pois todos pecaram e estão destituídos da glória de Deus* (Rm 3.23). Em Gálatas 3.10, Paulo escreve: *Já os que são pela prática da lei estão debaixo de maldição, pois está escrito: 'Maldito todo aquele que não persiste em praticar todas as coisas escritas no livro da lei.'* A total corrupção do homem impede-o de ganhar ou conquistar o favor de Deus, de qualquer maneira. Nossa salvação *não depende do desejo ou do esforço humano, mas da misericórdia de Deus* (Rm 9.16). Deus nos salva *não por causa de atos de justiça por nós praticados, mas devido à sua misericórdia* (Tt 3.5).

De fato, é por causa de nossa profunda perversidade que a graça salvadora de Deus é tão extraordinária. Apesar de nossa maldade e corrupção, Deus graciosamente nos concede fé, lava-nos no sangue de seu Filho e nos envolve com a perfeita justiça de Cristo. Paulo escreve: *Deus tornou pecado por nós aquele que não tinha pecado, para que nele nos tornássemos justiça de Deus* (2Co 5.21). Deus imputou nossa vida vil e pecaminosa a Cristo, e ele, em sua morte na cruz, teve todos os nossos pecados colocados sobre si por seu Pai, de modo que pagou integralmente a penalidade que nos era devida. Ele agora imputa a justiça infinitamente perfeita de Cristo na conta de cada crente — tudo somente em função de sua infinita graça.

Mas essa graça não é o elemento primordial nas mensagens ou nas estratégias evangelísticas que regem a maioria das igrejas hoje. Em vez de enfatizar a poderosa graça de Deus que, sozinha, pode superar a incapacidade e depravação do homem, os métodos modernos de atração enfatizam o valor da relevância cultural e atendem às necessidades dos incrédulos. A ideia é adaptar a igreja para conquistar os incrédulos, identificando seus gostos e interesses para, então, atraí-los para a comunhão da igreja e, eventualmente, para a fé em Cristo. Essa assim chamada sensibilidade ao interessado é uma abordagem cínica ao evangelismo, que demonstra a falta de confiança dos seus proponentes na verdade da Palavra de Deus e no poder do Espírito Santo. Em última análise, a estratégia nasce da convicção de que não é a graça de Deus que compele o pecador, mas a astúcia do "discurso de vendas" do pregador.

E, nessa busca insensata de relevância fugaz, as igrejas fazem de tudo para atrair seu público-alvo. Embora existam alguns exemplos realmente bizarros de igrejas que chegam a extremos para imitar e atrair uma determinada subcultura, a maioria das igrejas que emprega essas estratégias se enquadra em um padrão cada vez mais presente. Os líderes de adoração se tornam músicos *pop*, os pregadores se transformam em comediantes e oradores motivacionais, e a adoração suscitada pela verdade teológica é substituída pela estimulação emocional que desconsidera o racional. Tópicos como pecado, julgamento, santidade, piedade, separação do mundo, humildade, sacrifício, pureza e necessidade de arrependimento não são mais ouvidos. O objetivo é manter o discurso positivo, afirmativo, inofensivo, leve e divertido para que os visitantes retornem.

A sabedoria convencional entre os evangélicos hoje é que a relevância cultural e os ajustes finos com quem ouve a mensagem que proclamamos são ferramentas essenciais para um evangelismo eficaz. Porém, a metodologia gerada por essa filosofia, inevitavelmente, obscurece ou enterra totalmente o evangelho, ou seja — as boas novas do que Cristo fez —, sob uma mensagem centrada no homem, que invariavelmente se concentra em algo que o próprio pecador deve fazer. Essa metodologia também esconde, muitas vezes sob um manto de luzes, fumaça e de música sensual estridente, a glória de Jesus Cristo. Além disso, de uma perspectiva puramente pragmática, novos modelos de estratégias evangelísticas simplesmente não funcionam. Elas podem até ser eficazes em reunir multidões no prédio da igreja, mas será que realmente atraem pessoas para Cristo? Pelo contrário, com toda essa conversa sobre autoestima, amor-próprio, autoaperfeiçoamento e outros temas antropocêntricos, os métodos adaptados aos interessados tendem a deslocar o foco do pecador para si mesmo, em vez de focar no Senhor.

Os interessados na verdade — pessoas que genuinamente buscam Deus por sua própria iniciativa — nem mesmo existem. Em Romanos 3.11, Paulo declara inequivocamente: *Não há ninguém que entenda, ninguém que busque a Deus*. Os pecadores não podem ser cortejados à verdade por um marketing inteligente nem por dispendiosas produções. O próprio Cristo disse: *Ninguém pode vir a mim, se o Pai, que me enviou, não o atrair* (Jo 6.44).

Somente através do dom da fé de Deus é que alguém pode ser redimido. A capacidade de Deus em alcançar e atrair os pecadores não depende da inteligência do orador nem do talento dos músicos. E muito menos é desencadeada quando a igreja, descaradamente, imita as tendências mundanas da cultura *pop*. Nada que os cristãos façam para "maquiar" o evangelho de Jesus Cristo poderia tornar a mensagem mais convincente ou fazer a graça de Deus mais poderosa.

Um firme compromisso com a *Sola Gratia* mudaria o foco da igreja da forma como ela se apresenta para o mundo, e o direcionaria para o único meio da verdadeira fé e o real arrependimento — o poder do evangelho na obra do Espírito Santo.

Soli Deo Gloria

Não há hipérbole nas instruções de Paulo para a igreja glorificar o Senhor nas atividades mais cotidianas da vida. Ele escreve: *Assim, quer vocês comam, bebam ou façam qualquer outra coisa, façam tudo para a glória de Deus* (1Co 10.31). Glorificar a Deus deveria ser nosso principal objetivo e nossa principal motivação. Sua glória deve ser a intenção motivadora por trás de cada ação, pensamento e palavra.

Mas você notou como ultimamente pouco se ouve sobre a glória de Deus? Ouvindo as principais vozes da igreja, você tem a ideia de que Deus está mais interessado em nossa felicidade, realização e satisfação do que em sua própria glória. O deus caracterizado em muitos sermões hoje é pouco mais que um gênio da lâmpada, ansioso por resolver problemas e realizar sonhos. Não há maior senso de propósito na vida do que a satisfação e o prazer do próprio homem, sendo o Senhor descrito como seu principal provedor. Uma das estratégias favoritas e mais eficazes de Satanás é disfarçar o narcisismo com uma fachada piedosa, só que de mau gosto. E esse engano tem, claramente, funcionado. Muitas igrejas estão oferecendo não o que Deus procura, mas o que é natural para o pecador depravado — seus próprios desejos realizados. Quando os pregadores oferecem saúde, riqueza, realização ou satisfação, o pecador se torna soberano. Sua vontade deve ser feita, ou ele não se juntará à comunidade!

Como resultado, o orgulho feroz e o egoísmo infectaram a igreja em todos os níveis. Nos bancos, homens e mulheres esperam que Deus lhes dê o que desejam, realizando todas as suas fantasias enquanto derrama bênçãos e favor sem fim, porque ele os ama incondicionalmente e está extremamente feliz com o fato de que eles finalmente gostam dele. Pastores e líderes da igreja agravam o problema adotando um estilo de vida opulento que justificam como prova da aprovação sincera de Deus a seus ministérios. Pior ainda é a mensagem espiritualmente falida e biblicamente deficiente do púlpito que realmente incita o materialismo, a cobiça, a ganância, o orgulho humano, as afeições terrenas e uma série de outras inclinações carnais impostas contra a glória de Deus. As seguintes palavras de Deus devem incomodar profundamente esses líderes falsos: *Não darei a outro minha glória* (Is 42.8).

Essa tendência insidiosa não se limita aos falsos profetas do evangelho da prosperidade. Hoje, pastores de todas as denominações e convicções teológicas estão inventando ídolos interessados em resolver problemas e satisfazer desejos carnais, em vez de quererem saber como o Deus verdadeiro está construindo a igreja e santificando o seu povo. Isso acaba se tornando um grande obstáculo para a salvação e o crescimento espiritual, além de impedir a verdadeira obra do reino de Deus.

A igreja não pode ser uma luz para o mundo se for consumida pela cobiça narcisista. Os cristãos não terão nada a oferecer aos incrédulos se eles mesmos sucumbirem aos pecados do egoísmo e do interesse próprio. O povo de Deus precisa tirar os olhos de si e colocá-los no Senhor. Eles precisam considerar a magnitude de sua santidade, a plenitude de seus atributos e a graciosidade do amor que ele derrama sobre nós... apesar de nossos repetidos erros. Eles precisam fazer eco às palavras de Paulo em Romanos 11.36: *Pois dele, por ele e para ele são todas as coisas. A ele seja a glória para sempre! Amém.*

A glória de Deus é a realidade dominante na vida de todo crente. Os cristãos precisam adquirir o hábito de perguntar: "Como essa decisão, ação ou conversa, juntamente com tudo o que eu fizer hoje, poderão trazer glória e honra ao Senhor?" Submeter tudo o que você fizer a esse questionamento irá protegê-lo da tentação de se fixar em seus próprios interesses egoístas. Você não terá tempo para satisfazer seus desejos egocêntricos se direcionar todos os aspectos de sua vida para louvar e honrar ao Senhor.

A glória de Deus é o propósito supremo por trás de tudo que ele faz. Além disso, é o propósito por trás da minha vida e da vida de todo crente. As pessoas de Deus não estão interessadas em suas próprias conquistas. Elas entendem que é Deus quem realiza sua vontade através delas, e somente ele merece a glória, a honra e o louvor.

A maioria das listas dos cinco *solas* conclui com *Soli Deo Gloria*. Isso é apropriado, porque uma ênfase clara na glória de Deus é fundamental para todos os outros pilares da teologia da reforma. Porém, quero terminar onde começamos, com nossos olhos fixos em Cristo e sua igreja.

Solus Christus

A salvação só pode ser obtida através de Cristo.

Isso não é uma verdade popular nos dias de hoje. Em um mundo dominado pelo relativismo pós-moderno, ninguém quer ouvir sobre a exclusividade do evangelho de Jesus Cristo. Mesmo entre os que se dizem protestantes e evangélicos, há os que acham essa mensagem desconcertante e controversa.

Muitos na igreja se recusam a deixar o evangelho desagradar os pecadores. Eles pensam: "Você não pode dizer às pessoas que elas estão erradas sobre o evangelho. Você não pode dizer que elas vão para o inferno!" Em vez disso, eles querem que a Palavra de Deus seja complacente com o erro e aberta a amplas e variadas interpretações. Eles querem encontrar espaço no plano de redenção para introduzirem seguidores sinceros de outras religiões. Eles não suportam a porta estreita e querem convencer os outros de que o caminho para o céu não é tão restrito e rígido quanto parece.

Essa "conversa fiada" (como alguns a chamariam) se encaixa perfeitamente na filosofia pluralista deste mundo. Nesta era de tolerância, ninguém quer ouvir que a salvação é encontrada apenas na pessoa e na obra de Jesus Cristo. Essa exclusividade é contraditória em um mundo sem absolutos, em um mundo dominado pela noção infantil do "Eu tenho o direito de escolher minha própria verdade."

Agora, se a igreja não pode se apegar à verdade sobre Cristo — de que há apenas *um mediador entre Deus e os homens: o homem Jesus Cristo* (1Tm 2.5) e de que *não há salvação em nenhum outro, pois, debaixo do céu não há nenhum outro nome dado aos homens pelo qual devamos ser salvos* (At 4.12) —, então não há luz que possa ser trazida para este mundo cego pelo pecado. Resumindo, se você não explicou que a fé em Jesus Cristo é o único caminho para a salvação, você não pregou o evangelho.

A igreja deve lutar contra a arrogância intelectual e contra o pluralismo religioso desse mundo rebelde, defendendo fielmente a mais impopular de todas as verdades bíblicas sobre o Senhor — a saber, que ele é o que declarou ser: *Eu sou o caminho, a verdade e a vida. Ninguém vem ao Pai, a não ser por mim* (Jo 14.6).

Além disso, a igreja deve ser devotada a Cristo. Como disse Pedro, a prova da sua fé é que, *mesmo não o tendo visto, vocês o amam; e apesar de não o verem agora, creem nele e exultam com alegria indizível e gloriosa...* (1Pe 1.7–8). O povo de Deus não deve se esquecer de seu primeiro amor. Como vimos nas cartas do Senhor às igrejas, é assim que começa a precipitada e mortal queda de Laodiceia. Simplificando, não há maior defesa contra a letargia espiritual, a condescendência, a corrupção e a apostasia do que alimentar fielmente as chamas do nosso amor por Cristo.

É por isso que pregar Cristo não é uma simples preferência; é uma necessidade premente. Pastores que não pregam Cristo estão matando de fome o rebanho. Dos quase cinquenta anos em que ensinei no púlpito da Igreja da Comunidade da Graça, cerca de vinte e cinco preguei com base nos evangelhos. Quando se acrescenta tudo o que aprendemos sobre Jesus em nosso estudo das Epístolas e do Antigo Testamento, ouso dizer que nenhum domingo passa sem que contemplemos o caráter e a natureza de nosso glorioso Senhor. É crucial que o povo de Deus conheça a revelação completa sobre Cristo, para que possa realmente amá-lo. E esse amor é vital para a vida da igreja e para que a obra do reino de Deus seja útil.

Com tudo isso em mente escrevi, algum tempo atrás, uma breve declaração sobre as profundas riquezas de amar a Cristo tal como ele é revelado nas Escrituras. Revisitar esse texto de tempos em tempos reaquece meu amor pelo Senhor, e espero que faça o mesmo por você.

> Nós amamos Cristo. Nós amamos o Cristo que é o eterno Filho de Deus, que pertence à mesma natureza com o eterno Pai e com o eterno Espírito; o trino Deus. Amamos Cristo, o criador e doador da vida, o sustentador do universo e de todos os que nele vivem. Amamos Cristo, que é o Filho de Deus nascido de uma virgem e é o Filho do homem, totalmente divino e totalmente humano.
>
> Nós amamos o Cristo cuja vida na terra agradou perfeitamente a Deus, e cuja justiça é dada a todos que, pela graça e através da fé, se tornam um com ele. Nós amamos Cristo, o único sacrifício pelo pecado que agrada a Deus e é por ele aceito; cuja morte, sob julgamento divino, pagou por completo a penalidade pelos pecados de seu povo, provendo-lhes, assim, perdão e vida eterna. Amamos o Cristo que está vivo,

que tendo sido ressuscitado dentre os mortos pelo Pai, validou sua obra de expiação, e proveu a ressurreição para a santificação e glorificação dos eleitos para levá-los em segurança à sua presença celestial.

Nós amamos o Cristo que está no trono do Pai intercedendo por todos os crentes. Amamos o Cristo profeta, sacerdote e rei escolhido por Deus, proclamador da verdade, mediador de sua igreja e que reina sobre o seu reino para sempre. Amamos o Cristo que certamente e inesperadamente voltará do céu para arrebatar a sua igreja, julgar os iníquos, trazer a salvação prometida aos judeus e às nações, e estabelecer seu reino milenar na terra. Amamos o Cristo que, após este reino terrestre, destruirá o universo e julgará finalmente todos os pecadores, enviando-os ao inferno; e então criará os novos céus e a nova terra onde ele habitará para sempre com os seus santos em glória, alegria e amor. Esse é o Cristo a quem amamos; esse é o Cristo que pregamos. E nós o amamos, porque ele nos amou primeiro.

Se existe alguma esperança para uma nova reforma e reavivamento hoje, será através da submissão da igreja à autoridade e suficiência das Escrituras, de sua proclamação fiel da mensagem da justificação somente pela graça e somente pela fé, para que o povo de Deus se dedique a glorificá-lo em todas as coisas e se apegue ao evangelho de Jesus Cristo em amorosa devoção ao seu Salvador.

AGRADECIMENTOS

Um agradecimento especial à equipe editorial da *Grace to You* — particularmente a Jeremiah Johnson, que habilmente supervisionou a montagem e o processo editorial deste manuscrito, desde a sua concepção a partir da transcrição de sermões até sua forma final polida e concisa.

Sua opinião é importante para nós. Por gentileza envie seus comentários pelo *e-mail* editorial@hagnos.com.br

Visite nosso *site*: www.hagnos.com.br

Esta obra foi composta na fonte Candara 10,5/16 e impressa na Imprensa da Fé.
São Paulo, Brasil.
Outono de 2019.